나의 신학, 나의 윤리학 Plus

맹용길 지음

나의 신학, 나의 윤리학 Plus

지 은 이 · 맹용길
펴 낸 이 · 성상건
편집디자인 · 자연DPS

펴 낸 날 · 2023년 4월 3일
펴 낸 곳 · 도서출판 나눔사
주 소 · (우) 10270 경기도 고양시 덕양구 푸른마을로 15
301동 1505호
전 화 · 02)359-3429 팩스 02)355-3429
등록번호 · 2-489호(1988년 2월 16일)
이 메 일 · nanumsa@hanmail.net

ISBN 978-89-7027-954-1-03230

값 10,000원
잘못된 책은 바꾸어 드립니다.

류영모 목사(한 소망 교회)와 장로회신학대학교 73학번 50주년 기념으로 후원받음

나의 신학, 나의 윤리학 Plus

맹용길 지음

나눔사

차 례

머리말

나는 본래 글을 더 쓸 마음이 없었다. 왜냐하면 은퇴한지도 오래 됐고, 더 이상 무엇을 쓴다는 것이 부담이 되기도 했기 때문이다. 그런데 나는 내가 그동안 해 온 것에 대한 결론을 내리는 것이 좋겠다는 생각이 들었다. 그래서 "나의 신학과 나의 윤리"를 정리해 보기로 하였다. 특히 기독교윤리학에 대한 오해와 가볍게 이해하는 사람들이 많이 있는 것 같고, 주로 도덕적인 행위에 대해 쉽게 알고 있는 것 같아 보였다. 지금 세상은 정치, 경제, 사회, 교육 등 많은 분야에서 삶에 대하여 논하면서 결국은 윤리 문제를 거론하고 다루고 있다. 그렇게 하는 것은 윤리가 삶의 문제이기 때문에 그렇다고 나는 생각한다. 그럼에도 불구하고 실제로 윤리문제를 진지하게 다루는 경우는 드물게 보인다. 또 윤리 문제를 다루는 위원회 같은 것이 있지만 엄격하게 작동하는 경우가 드물게 느껴진다.

나는 우리의 윤리가 기독교윤리(학)이기 때문에 신학적인 근거가 확실해야 하고 신학이 없이는 윤리문제를 바르게 다룰 수 없다고 판단하여 기독교윤리학을 신학적 윤리학이라고 명하고 있다. 또 신학자들의 결론은 거의 윤리문제를 다루고 있다. 특히 체계적으로 신학을 공부하고 이론을 전개하는 사람들은 반드시 윤리학 또는 윤리 문제를 다루고 있다. 전에는 하나의 전문적인 분야가 아니고 조직신학 안에서 한 과목 정도로 인식하는 경우가 많았다. 지금도 그런 경우가 많이 있다. 그러나 이제는 세계적 추세가 기독교윤리학은 신학과 깊은 관계를 가지면서도 하나의 독립적 분야로 크게 발전하여 다루고 있다. 나는 특히 그런 분위기에서 박사 학위를 했기 때문에 하나의 독립적인 분야로 기독교윤리학을 분명하게 주장하고 있다.

이러한 의미에서 내 처음 글은 "나의 신학 나의 윤리"이었다. 또 선교 현지에서도 그렇게 강의를 했다. 그렇게 한 것은 선교 현지에서 바로 알려주고 싶어서도 그렇지만 처음 오리엔테이션이 중요하기 때문에 그렇게 가르쳤다. 신학은 성경을 기반으로 해야 하기 때문에 성경도 체계적으로 공부를 해야 했다. 그래서 나는 최근에 성경 연구에 더 매달리고 있다. 신약성경도 최근에는 히브리어 신약성경을 접하여 읽고 있다. 그것을 읽는 이유는 예수님이 육신적으로 유대인이며 유대적 사고를 많이 했을 것이고, 특히 하나님이 선택하신 이스라엘 백성이 유대인이라는 사실 때문에 히브리어 신약성경은 내게 매우 중요하게 생각이 되었다. 또 헬라어 성경과 자국어의 신약성경에서 중요한 용어들이 히브리어의 어떤 용어로 사용하는지를 안다면 예수님께 더 가까이 갈 수 있겠다는 생각을 했다. 이스라엘 성서공회는 오래 전에 고어로 번역된 히브리어 신약성경도 무료로 읽도록 전해주고 있고, 현대어로도 번역을 한 성경을 제공하고 있다. 그러나 실제로 그 의미를 이해하면서 읽기는 쉽지 않은 것 같다.

그래서 나는 최근에 이스라엘 성서공회에 히브리어 신약성경의 고어 번역에 Strong 번호를 붙여 좀 더 많은 사람들이 더 쉽게 읽게 하려고 허락을 신청하였다. 나는 이스라엘 성서 공회가 허락해 주기를 간절히 바란다.

이어서 본서는 나의 마지막 고백을 포함하고 있다. 처음에는 전혀 그럴 생각이 아니었는데 "나의 신학 나의 윤리"로는 부피가 너무 적어서 책으로 인쇄하기는 부족하다고 거절을 당한 후 나의 마지막 고백을 포함하는 것이 좋겠다고 생각하여 그 내용을 추가하기로 하였다. 아마 이제는 책으로 내 주리라고 믿는다. 지금 책을 낸다는 것은 별로 현명한 일이 아니라고 생각하면서도 정리하였으니 출판을 해야 하겠다는 마음을 먹고 진행하고 있다. 지금 고민하는 것은 내가 이 원고를 책으로 내가 죽은 후에 내느냐 아니면 죽기 전에 내느냐 인데 죽은 후보다는 죽기 전에 내면 좋겠다는 생각을 하면서 노력하고 있지만 하나님께서 허락하심에 따르려 한다.

하여간 사람들이 나의 신학과 나의 윤리에 대해 나의 입장을 조금이라도 창의적인 생각이라고 인정해 준다면 좋겠다. 그동안 나를 포함해서 외국에서 유학을 한 사람들 중에 표절을 하거나 배운 선생님들의 글을 허락을 받기도 하고 허락을 받지 않기도 하면서 전달하는 경우가 많았다. 이제는 한국도 독창적 영역의 방법을 제시할 때라고 생각하며, 하늘 아래 새것이 없다고 말하는 가운데서라도 나는 개인적으로 창의적으로 나의 이론을 개발하려고 노력하였다. 물론 나도 선생님들에게 배운 범위 안에 있지만 이론의 전개는 독창적이 되려고 노력하였다. 사실 박사 학위 과정을 이수한다는 것은 바로 그렇게 독창적인 노력을 하라고 지도를 받았지만 그동안 그렇게 하지 못했고, 나의 선생님들은 이런 생각을 하고 있다면서 많이 인용하기도 하고 전달하기도 하였다. 그래서 더욱이 마지막 짧은 글, 너무 적어서 출판해 주지 않겠다는 풍토에서 출판을 하기 위해 나는 이렇게 마지막 고백까지 만들어 제시한다. 부족한 글이지만 끝까지 읽어주었으면 감사하겠다.

〔1〕

나의 신학, 나의 윤리

나의 신학은 사도신경의 틀을 따라 조성되었다. 사도신경은 오랫동안 기독교교회가 합의한 신앙고백이다. 나도 그 고백을 따라 신앙을 고백하기 때문에, 이 신앙고백의 틀을 존중하여 나의 신학을 전개하기로 결정하였다. 먼저 나는 나의 신학을 GOLDTEA로 표현한다. G는 God 즉 삼위일체 되신 하나님을 의미한다. O는 orthofides, orthocognitio, orthopraxis 즉 정신(正信), 정사(正思), 정행(正行) 을 의미한다. L은 life-love leadership 즉 생명과 사랑의 리더십을 의미한다. D는 democracy 즉 민주주의를 의미한다. T는 technology 즉 기술 또는 먹거리를 의미한다. E는 education and ethics 즉 교육과 윤리를 의미한다. A는 action 즉 행동/실천을 의미한다.

G는 God 즉 하나님을 의미하는데, 하나님은 두 가지 전제를 가진다. 즉 하나님은 전능자 즉 명령자이고, 인간은 전능자

의 피조물로서 그의 명령에 순종/복종하는 존재이다 라는 전제이다. 그러면 전능자인 하나님은 어떻게 표현되었는가? 크게 하나님 아버지, 하나님의 아들, 하나님의 영/성령으로 표현되었다. 즉 하나님 아버지는 창조주이고 아버지이고 아들이고 성령이라는 의미이다. 나에게 이 하나님은 창조주, 구속주, 인도주 즉 삼중으로 표시되면서 삼중 지식(triplex cognitio Dei creatoris, redemptoris, et pastoris)을 요구한다. 창조주인 하나님은 아주 짧게 표현되어 있다. 그렇지만 창조주 하나님은 나의 신학의 대전제이다. 그리고 구속주로 표현된 아들에 대해서는 길게 표현되어 있다. 여기서 확실한 것은 아들 하나님은 나의 주/구주로 표현된 분으로서 나는 그 분을 믿는다. 그리고 인도주로 표현된 영 즉 성령은 구체적으로 나의 삶에서 현실로 인도하는 내용을 전개하고 있다. 다시 말하면 나는 이 성령이 교회를 인도하고, 죄를 사해 주고, 몸이 다시 사는 것과 영원히 사는/영생을 믿도록 인도하는 분으로 믿는다. 교회는 거룩한 공회이며 성도가 서로 교통/교제하는 모임으로서 표시되었는데, 나는 이 모임을 다시 교회의 표시로서 하나이며 거룩하며 교통/교제의 모임/공동체이며 사도적 안내/가이드로 이해하고 믿는다.

창조주 하나님은 나의 아버지로서 바르게 믿고 즉 정신(正信), 세계를 보는 눈을 가지며 즉 세계관(世界觀)을 가지며, 내 삶의 신뢰를 갖게 하는(faithful) 믿음의 주로 나는 믿는다. 구속주 하나님은 나의 구주로서 바르게 생각하며 즉 정사(正思), 행위의 방향, 질, 내용의 가치를 확보하게 하고, 가치관(價値觀)을 갖게 하는 삶의 토대/기반의(foundational) 주로 나는 믿는다. 정사는 사랑을 기반으로 하여 신학을 하게 한다. 그리고 가치들은 기본 가치 즉 모든 사람들이 기본으로 공유할 수 있는 가치를 정하여 자유, 정의, 평화로 믿으며, 이러한 기본 가치들은 그에 상응하는 근본 가치에 근거할 때 진정한 의미를 나타낸다고 하여 믿음, 사랑과 정의, 희망/소망으로 믿으며, 이 가치들은 삶의 현실에서 적용될 수 있도록 현실 가치라는 이름으로 인권, 사회적 책임, 실천의 의미인 행위로 나는 믿는다. 여기서 중요한 것은 근본 가치가 핵심임을 나는 다시 확인한다.[1] 인도주 하나님은 나의 인도자로서 바르게 행동하게 하며 즉 정행(正行), 세상에서 교회를 세우고 바르게 행동할 덕목들과 삶의 규칙들을 알려주며 생명을 살리기 위하여 바르게 행동하여 삶의 열매를 맺는 삶을 살도록 인도함을 나는 믿는다. 이것을 포괄하는 신학을 나는 다른 말로 신사행 신학(信思行 神學)이라고 부른다.

하나님을 어떻게 믿는 것이 바른 믿음일까? 나는 바로 믿는 것을 하나님을 경외하고 바로 사랑하고 바로 행하는 것이라고 이해하였다. 믿음은 삶의 방향이고, 사랑은 그 믿음의 질(質)이고, 희망을 따라 행함은 믿음의 내용이다. 이것을 잘 나타내는 부분이 십계명이다(출 20, 신 5~6). 요약하면 다음과 같다.

---

1 장신논단, 9집, 395 쪽 이하 참조.

"너는 나 외에 다른 신들을 네게 두지 말라.

너를 위하여 새긴 우상을 만들지 말고 또 위로 하늘에 있는 것이나 아래로 땅에 있는 것이나 땅 아래 물 속에 있는 것의 어떤 형상도 만들지 말며, 그것들에게 절하지 말며 그것들을 섬기지 말라.

너는 네 하나님 여호와의 이름을 망령되게 부르지 말라.

안식일을 기억하여 거룩하게 지키라.

네 부모를 공경하라.

살인하지 말라.

간음하지 말라.

도둑질하지 말라.

네 이웃에 대하여 거짓 증거/증언하지 말라.

네 이웃의 집을 탐내지 말라."

믿음은 행함으로 온전하게 된다(약 2:22). 믿음은 행함으로 열매를 맺는다(갈 5:22-23). 믿음은 구체적인 덕목들과 함께 나타난다(벧후 1:5~7). 가르치고 행하는 자를 천국/하나님의 나라에서 큰 자라고 말한다(마 5:19). 행함을 예수님은 구체적으로 소금과 빛으로 표현한다. 즉 소금으로 짜게 하고, 맛을 내고, 빛으로 사람들에게 비추어 착한 행실을 보게 하고, 하나님께 영광을 돌리게 하라고 예수님은 말씀하신다(마 5:13~16). 사실, 행함은 십계명 전체에서 잘 나타나고 있다. 이것은 모두 믿음에 근거한 사랑으로 표현하여 우리가 희망/소망을 갖게 한다. 이것은 하나님을 바로 알고 바로 믿고 바로 사랑함으로써 가능하게 된다. 이것은 믿는 자에게 가능함을 의미한다(막 9:23). 왜냐하면 하나님은 모든 것을 하실 수 있다는 데 근거를 두고 있기 때문이다(막 10:27). 이것은 기도가 가능하게 한다(막 9:29).

하나님에 대한 삼중지식으로 인하여 하나님이 은혜로우시고 자유로우시고 신실하시고 정의로우심을 나는 알 수 있다. 하나님은 사람을 하나님의 형상으로 창조하셨다. 그래서 하나님 보시기에 좋았다. 그러면 하나님의 형상은 무엇을 의미할까? 창조하였다는 말은 인간이 피조물이라는 것을 의미한다. 이것은 하나님이 인간을 창조하심으로 인하여 관계가 있음을 나타낸다. 이 관계는 하나님이 명령하시고 인간은 순종해야 한다는 내용이다. 하나님의 명령은 지켜도 되고 지키지 않아도 되는 것이 아니고, 절대적으로 순종해야 하는 것이다. 이것은 인간에게 자유와 자유의지가 주어졌음을 의미한다. 자유는 하나님께 복종해야 한다는 제한성을 가지고, 자유의지도 인간의 한계가 있음을 의미한다. 이렇게 상당한 자유와 인간이 행할 의지가 있음이 주어졌다. 이것은 계명을 주시는 데서 나타난다. 하나님의 명령/계명은 제한적 의미이기는 하지만 이러한 자유와 자유의지가 주어졌음을 의미한다. 그리고 하나님은 인간/사람에게 선악과 나무를 세우시고 그 열매를 먹지 말라고 말씀하셨다. 만일 먹으면 죽는다고 말씀하였다. 그런데 인간은 이 명령을 어긴다. 이것을 우리는 타락이라고 말한다. 즉 이것은 인간이 죽는 것을 의미한다. 그래서 인간은 에덴동산에서 쫓겨나 죽게 된 존재로 나타난다.

그렇지만 하나님은 은혜로우셔서 우리의 죄로 인한 죽음을 용서할 길을 주셨다.

이 용서의 길은 하나님이 먼저 약속하시고, 우리의 고백이고 기도이며, 동시에 하나님은 임마누엘 사건으로부터 시작하신다(사 7:14, 마 1:23). 하나님은 친히 사람이 되신 것을 보여주신다(요 1:14). 이 사건은 인간의 믿음으로 연결하며 죄의 용서를 확증하고 하나님의 나라로 연결한다(요 3:16). 이 믿음은 심판에 이르지 않게 하며 사망에서 생명으로 옮겼음을 나타낸다(요 5:24). 이 과정은 치유와 회복과 구원과 관계의 회복이며, 더 나아가 믿는 자들의 모임/공동체 회복과 교제를 의미한다.

하나님의 나라에서 4가지 요점을 발견한다. 첫째는 하나님의 삼중 지식을 통해 삼위일체 하나님과 그 하나님의 절대주권과 통치를 발견한다. 둘째는 하나님의 나라는 하나님이 친히 세우시는 나라이며, 우리는 들어가는(eis) 존재이다. 다시 말하면 하나님의 나라는 어떤 인간도 직접 세울 수 없으며, 하나님의 명령에 따라 순종함으로써 즉 믿음을 가짐으로써 들어갈 수 있는 나라임을 알 수 있다. 그럼에도 불구하고 성경은 몇 가지 더 생각하게 한다. 예수님이 공생애를 시작할 때 한 말씀은 "하나님의 나라가 가까이 왔으니 회개하고 복음을 믿으라" 이다(막 1:15). 이 말씀은 셋째 요점이다. 즉 이 말씀은 회개하고 믿음을 가질 경우 하나님의 나라에 들어갈 수 있음을 의미한다. 즉 하나님의 나라에 들어가기 위하여 회개하고 복음 즉 하나님의 아들이신 예수님을 믿으라는 의미이다. 이것은 영생과 직결되는 의미를 갖는다(요 3:16). 이 말씀은 네 번째 요점이다. 예수님의 말씀은 물과 성령으로 거듭나면(위로부터 나면) 하나님의 나라에 들어갈 수 있음을 의미한다(요 3:5). 물은 회개이고 세례이며, 성령은 위로부터 나는 길 즉 다시 나는 길을 준다. 즉 우리는 우리의 힘이나 노력으로 하나님의 나라에 들어가는 것이 아니고, 성령의 능력으로 다시 낳아야 들어간다. 그런데 어린 아이 같아야 천국 즉 하나님의 나라에 들어간다고 예수님은 말씀하였다(마 18:3). 그러면 어린 아이는 하나님의 나라에 들어갈 수 있는가? 어린 아이는 회개와 죄 용서가 필요하지 않은 존재인가? 아니면 어린 아이는 회개의 겸손을 나타내는 단순한 상징적 표시인가? 그렇다면 우리가 회개할 경우 어린 아이 같이 되는 것인가? 이러한 의문이 생기기도 하지만, 한정된 범위이기는 하나 자기 자신의 힘으로 결정할 수 없는 상태에서 마치 죄를 모를 때의 상태로 인정받는 것일까? 이런 경우 원죄의 문제는 용서함을 받는 것인가? 등의 질문을 해 본다.

하나님의 나라는 "새 하늘과 새 땅"이라는 이름을 갖기도 한다(계 21:1). 하나님의 나라에 들어간 사람들은 하나님의 백성이 되고, 하나님은 친히 함께 계시고 그들의 모든 눈물을 닦아주며 다시는 사망이 없고 애통하는 것이나 곡하는 것이 없는 전혀 새로운 세상이 하나님의 나라이다(계 21:3~4). 거기에 생명수가 있다(계 21:6). 성령은 여기로 미리 안내하여, 믿는 자들에게 보게 하며, 그 규모를 보도록 인도한다. 성령의 인도를 받는 자들을 "오직 어린 양의 생명 책에 기록된 자들만"(계 21:27)이라고 성경은 기록한다. 여기의 환경은 전혀 새로운 환경으로서 하나님이 주관하는 무공해 자연 그 자체일 것이 분명하다.

하나님의 삼중 지식은 인간의 지식을 묻게 된다. 삼중 지식에 따라 보면 인간은 피조물이다. 이 말은 하나님은 창조주이고 명령자이며, 인간은 하나님이 창조한 존재임을 의미한다. 그런데 인간이 하나님의 명령을 순종하지 않는 죄를 지었다. 즉 하나님이 인간을 창조하고 에덴동산에 두고 선과 악을 알게 하는 나무의 열매를 먹지 말라고 명령하였고, 먹으면 죽으리라고 말하였다. 그런데 인간은 그 명령을 어기고 그 과일을 따 먹었다. 따라서 죽어야 했다. 그러나 하나님은 은혜로우셔서 인간을 에덴동산에서 쫓아내셨지만 구원하실 것을 약속하였고(창 3:15) 그 후로도 계속 약속하시고 예언하셔서 그 예언을 지키시기 위하여 친히 사람이 되셨다(요 1:14). 이것으로 하나님은 인간의 죄를 용서하시는 작업을 하시고 인간으로 하여금 알게 하셨다. 인간은 죄의 용서를 받을 필요가 있고, 용서함을 받는 길을 따라 용서를 받을 수 있었다. 이것은 하나님이 그의 아들 예수 그리스도를 통해 믿고 알게 하셨고 우리 대신 고난을 받고 죽으시고 부활하셔서 희망을 주셨음을 나타냈다. 여기서 하나님은 인간으로 하여금 자기를 속죄의 하나님으로 알게 하셨다. 뿐만 아니라 성령을 통해 계시하시고 인도하신다. 여기서 하나님은 목자의 지식으로 나타난다(요 10:16, 16:13).

그러면 인간은 어떻게 해야 할까? 나의 신학 GOLDTEA에서 O는 인간의 영역에 속한다. 인간은 성령의 인도하심을 받아 회개하고 거룩함을 받고 정결하게 하여(요 17:1) 지혜를 얻으며(약 3:17), 천국 즉 하나님의 나라에 들어가는 소식을 전달하며 선행도 함께 해야 한다(마 5:13~16, 약 3:13~18). 이 과정을 나는 인간의 지식이라고 말한다. 즉 정신, 정사, 정행을 의미하며, 헬라어를 따라 좀 더 구체적으로 다음 일곱 가지 알파로 표현하였다. 즉 하마르톨로스ἁμαρτωλός(죄인/현실), 아폴뤼트로시스ἀπολύτρωσις(용서/치유), 아나스타시스ἀνάστασις(부활/회복), 아포칼륍시스ἀποκάλυψις(계시/인도), 하기아조ἁγιάζω(거룩/변화), 아팡겔로ἀπαγγέλλω(전파/알림), 아가소포이에오ἀγαθοποιέω(선행/실천) 이다. 즉 인간의 죄 인식, 용서를 받음, 희망을 가짐, 인도함을 받음, 거룩함을 받아 거룩하게 행동을 함, 이 소식을 사람들에게 하나님을 믿도록 전달 즉 알림, 좋은 행동으로 믿는 자임을 보이는 일을 인간은 실현해야 한다. 이렇게 해서 하나님의 삼중 지식과 그 지식에 따른 인간의 지식을 요약함으로써 신론과 인간론을 간략하게 정리하고 나는 그 내용을 믿는다.

그리하여 인간은 여기서부터 바른 믿음(正信)과 바른 생각(正思) 즉 신학과 바른 행동(正行) 즉 윤리를 이행해야 한다. 이것은 모든 다른 인간과의 관계에서 먼저 리더십(leadership)으로 나타나야 한다. 즉 나의 신학 GOLDTEA에서 L은 leadership을 의미한다. 이것은 하나님이 보여주신 종의 리더십(servant leadership)이다(아하브אָהַב). 이 리더십은 힘(strength)과 희생(sacrifice)을 담은 종의 삶을 의미하는 생명-사랑 리더십(life-love leadership)이다(Sandra Teplinsky). 다시 말하면 무엇보다 생명을 우선하여 귀하게 여기고 사랑해야 한다. 사랑은 신약성경에서 헬라어로 아가페ἀγάπη, 아가파오ἀγαπάω라는 말인데, 나는 이 의미의 기반이 되는 구약성경의 아하브אָהַב의 의미를 기반으로 이해한다. 나는 "아하브"의 의미는 Sandra Tiplinsky가 그의 책 『Why Care About Israel』에서 밝힌 내용을 따른다. "아"는 힘, 희생, 종의 리더십을 의미하고, "하"는 아버지가 두 팔을 벌리고 타락한 아들을 기다리는 것을 의미하고, "브"는 가정 또는 가족을 의미한다. 나는 이 해석을 따라 아버지가 사랑에 근거하여 생명을 사랑하고, 죄인인 사람을 두 팔을 벌리고 기다리며, 오면 식구로 맞아들이는 아버지의 리더십을 의미한다. 이것은 하나님이 인간을 사랑한 가운데 나타나며, 신약성경에서는 탕자가 된 아들이 돌아왔을 때 보이는 아버지의 사랑을 생각할 수 있게 한다(눅 15:11 이하 참조). 사랑의 리더십은 사람을 대할 때에 힘이 있으면서 희생의 정신으로 맞아 섬기는 자세로 대하는 것을 의미한다. 여기서는 본(本)을 보이는 리더십이다. 예를 들면 예수님이 보인 리더십이다. 예수님은 제자들과 식사한 후 주와 선생으로서 제자들의 발을 씻은 것으로 본을 보여주셨다(요 13:1 이하). 이것은 예수님이 제자들을 존중하고 사랑하며 보이신 섬기는 본의 리더십이다.

나의 신학 GOLDTEA에서 D는 democracy 즉 민주주의를 의미한다. 인간이 하나님의 명령을 거역하고 죄를 지음으로써 인간의 생각은 항상 이기적이고 교만한 행동이 앞섰다. 이것을 조금이라도 더 생명을 존중하고, 사랑하는 행동을 하기 위하여 여러 사람의 의견을 모으고 좀 더 생명을 존중하고 사랑할 수 있는 민주주의를 생각한다. 물론 민주주의의 이름으로 독재와 이기적인 행위가 나타나기도 하지만 진정한 민주주의는 공동으로 감시하며 억제하며 공동/공통/공공 선을 더 추구하게 할 수 있다. 현재로서 민주주의를 대체할 정체가 없는 것으로 보인다. 이것들 모두는 하나님이 먼저 삼위일체의 하나님으로서 인간에게 보여주셨다. 그래서 나는 나의 신학 앞 부분에서 GOLD라고 정했다.

GOLD 뒷 부분을 나는 TEA(윤리)로 정했다. T는 Technology 즉 기술을 의미한다. 지금은 세계가 제 4차 혁명의 시대라고 부른다(Klaus Schwab). 여기서는 "기하급수적인 속도" "디지털 혁명을 기반으로 다양한 과학 기술을 융합 해 …패러다임 전환으로 유도한다고 한다." 즉 물리학의 기술, 디지털 기술, 생물학의 기술이 융합하여 경제, 기업, 국가와 세계, 사회, 개인 등에 크나큰 영향력을 미치고 있다고 한다. 그래서 4차 산업혁명의 방법론도 상상하기 힘들도록 변화하고 있어서 지금 상상할 수 없는 변화를 일으킬 것으로 보인다(Klaus Schwab, The Fourth Industrial Revolution, 송경진 역, 메가 스터디Books). 같은 맥락에서 기술의 변화는 『트렌드 코리아 2022』에서도 나타난다. 이 책은 김난도를 포함한 10명이 말하는 엄청난 변화의 기술을 소개하고 있다. 그 가운데서도 맨 먼저 떠오른 말은 코로나 바이러스 19를 통과하면서도 우리 사회가 "나노사회"로 변화하고 있다는 점이다. 여기에 따라 나타나는 여러 가지 기술 현상은 인간이 하나님을 이해하는 데도 많은 생각을 하게 한다. 질문은 이러한 기술의 발전을 보면서 정말 하나님은 어떤 분인가? 어디에 있는가? 나는 앞에서 GOLD를 통해 하나님의 지식을 생각하고 인간론을 정리하였는데, 기술이 들어오면서 1960년 대 초반부터 한국에 세차게 불어 닥친 세속화의 물결을 다시 생각해 본다(F. Gogarten, Verhängnis und Hoffnung der Neuzeit 참조). 인간의 교만이 앞서는 상황이 전개되면서 믿음은 무엇인가 라는 질문으로 이어진다.

기술은 우리가 당하고 있는 그리고 당할 삶의 상황이다. 우리는 이것을 피할 수 없다. 그렇다면 이 기술과 함께 살아야 하는 우리, 특히 젊은 세대들이 하나님을 믿을 수 있을까? 나/우리는 기술이 젊은 세대들과 만날 수 있는 접촉점 즉 장소라고 생각한다. 왜냐하면 기술이 있는 곳에 사람, 특히 미래의 젊은 세대가 있기 때문이다. 기술에 대하여 만날 수 있는 리더십이 필요하고, 담론이 만들어져야 한다는 소리를 듣는다. 만일 리더십이 만들어지고 담론이 형성된다면 젊은 세대를 만날 수 있는 매개체가 곧 기술/먹거리라고 생각한다. 젊은 세대가 리더십을 발휘하고, 담론을 만들 역할을 하게 한다면 가능하다고 생각한다. 성경에서 가르친 대로 "옛 것과 새 것"(마 13:52)을 끌어내 합하고 리더십을 형성해 담론을 만들어 논의한다면 좋은 결과가 있을 것으로 보인다. 이렇게 볼 때 기술은 우리의 먹거리요 삶의 현장이요 미래를 내다볼 수 있게 하는 것 같다. 그러나 기술이 우리의 정신/믿음을 새롭게 하는 의미는 주지 못한다. 얼른 보기에는 그럴 것 같지만 지금까지의 모든 것을 놓고 보았을 때 우리의 삶을 변화시킨 것만은 틀림없고, 사고 방식을 바꾸고, 앞으로도 그럴 것으로 보인다. 그러나 근본적인 의미에서 정신/믿음을 지배하지는 못할 것이다. 많은 경우에 사고방식/틀은 바꿀 수 있겠지만 우리의 영혼의 문제나 하나님의 존재 문제는 변화를 주지 못할 것이다. 믿음의 문제는 더욱 그렇다. 기술로 질병을 고치고 건강을 회복하고 초연결시대로 만들어가고 있지만, 죽음의 문제나 영혼의 문제는 근본적으로 해결할 수 없을 것으로 보인다. 하나님이 존재하지 않는다면 기술이 인간의 모든 것을 지배할 것이 분명하지만 하나님이 살아 있다면 기술이 하나님을 지배할 수는 없기 때문이다. 나는 살아 계신 하나님을 믿기 때문에, 기술이 하나님을 지배하지 못할 것이라고 생각한다. 기술의 발달을 주장하면서 세속도시를 주장했고, 하나님 없는 세상을 주장했고, 인간이 지배하는 세상을 주장하기도 했다(세속화). 하늘까지 닿는 탑을 쌓은 때도 있었고, 초인을 주장하는 세상을 주장하기도 했고, 기술 만능을 주장하기도 했지만, 그리고 앞으로도 그러한 주장이 많이 있겠지만, 하나님이 살아 계시다면 즉 스스로 있는 분이라면(출 3:14), 이 세상을 기술이 지배하도록 허락하지 않을 것이 분명하다. 이것은 두고 볼 일이다. 그리고 나는 살아 계신 여호와 하나님을 주로 믿는다.

신학 GOLDTEA에서 E는 education-ethics를 의미한다. 최근에는 ESG를 주장하기도 한다. 즉 환경, 사회적 공헌, 윤리 경영을 주장한다. 여기서 사실, 기술은 가르쳐야 한다. 왜냐하면 기술이 먹거리를 만들어내고 젊은 세대가 거기에 모이기 때문이다. 그런데 기술은 새로운 기술이 나올 때마다 윤리적인 문제가 많이 일어난다. 기술이 매우 정교하면 정교할수록 윤리문제는 더 복잡하고 심각하게 나타난다. 그러므로 가르치되 윤리적인 문제를 해결하는 정도(正道)로 가르쳐야 한다. 가르침은 기술을 좋은 방향 즉 인류에게 도움이 될 수 있도록 가르치며, 나의 경우는 하나님을 하나님으로 알고 믿는 가르침이 되어서 윤리문제도 동시에 해결하는 가르침이 되어야 한다고 생각한다. 교육은 단순히 가르침만이 아니고 전달하고 체험하고 어떻게 하면 더 효과적이며 인류에게 도움이 될 수 있을까, 인류의 생명을 구할 수 있을까 하는 연구를 통해 개선되고 배우도록 가르쳐야 한다.

신학 GOLDTEA에서 A는 action을 의미한다. 지금까지 모든 내용은 실천 행동으로 표현되어야 한다는 의미이다. 그래서 나는 action/윤리를 현실가치로 여긴다. 하나님은 항상 행함을 강조하셨다. 하나님은 친히 행동을 하셨다. 예수님도 행동을 강조하시고 직접 실행하셨다. 성령도 행동을 강조하셨다. 지금도 성령은 우리를 행동으로 인도하신다. 이것은 하나님의 삼중지식에서도 확실하게 나타난다. 인간이 하나님의 나라에 들어가게 하는 것도 삼위일체 하나님의 삼중지식에서 분명하게 보여주셨다. 이것이 인간의 삶에 영향을 미치는 본(本) 이다. 하나님은 창조하시고, 구속하시고, 목자처럼 인도하시는 놀라운 행동으로서 우리의 행동의 본을 보여주셨다. 행동이 없는 명령은 공허한 것이다. 하나님이 십계명을 주실 때에도 애굽에서 이스라엘 백성을 구원하여 인도하신 행위를 근간으로 하여 만드시고, 사람들이 잘 살아갈 수 있는 방향, 질, 내용을 주셨다. 그 행동은 진정한 의미에서 강력한 행동(mighty work)이며, 인간의 생명을 중요시하는 행동이다. 이 강력한 행동은 모든 행동에 앞서며, 더 강하며, 누구도 이길 수 없는 행동이다. 그것은 아무리 새롭고 힘있는 기술이라도 하나님의 힘 즉 전능의 힘을 능가할 수 없다(막 10:27). 그래서 예수님은 내가 세상을 이기었다고 말씀하신다(요 16:33). 지금도 예수님은 이 말씀을 하시면서 우리에게 "담대 하라" 고 명령하시며, 환난을 당할지라도 평안을 누릴 수 있다고 말씀할 것이다.

지금까지 나는 나의 신학인 GOLDTEA의 신학을 설명하였다. 그리고 신론과 인간론을 논의하였다. 이제 기독론을 논의하려고 한다. 나의 기독론은 땅에서 배웠다. 우리가 가진 작은 땅을 가지고 아내가 농사를 하는데 내가 도우면서 땅을 통해 하나님이 살아 계심과 그리스도를 새롭게 발견하게 되었다. 땅은 내게 유기적/organic이라는 말의 의미와 균형적/balanced라는 말의 의미를 가르쳐주었다. 유기적이라는 현상을 통해 자연으로 돌아가자는 것과 많은 연결고리를 보고 온전하게 되는 길을 보았다. 균형적이라는 말을 통해 우리의 삶의 균형적인 측면의 유익함과 하나님의 샬롬שָׁלוֹם (평화, 온전함, 번영/형통, 인간의 온전한 복지)을 보았다. 이것이 예수 그리스도가 우리의 구주로서 우리가 할 일을 볼 수 있게 한 것이다. 인간은 하나님을 신뢰하고 즉 믿고, 예수 그리스도를 토대/기반으로 하고, 열매 맺는 삶을 살도록 인도하는 성령을 보고 믿게 되었다. 나는 이러한 과정을 겪고 나의 윤리를 정립하게 되었다.

나의 윤리를 이렇게 표현하였다. 나의 윤리는 하나의 신학적 윤리(학)이다. 즉 나는 a theological ethics of SHALOM으로 표현한다. 성령론은 윤리의 내용을 구체적으로 제시한다. 성령론은 먼저 믿음을 확인한다. 그래서 "나는 성령을 믿습니다" 라고 고백하고, 성령을 따라 윤리(학)의 내용들을 확인한다. 첫째는 교회이고 둘째는 죄의 용서이고 셋째는 부활이고 넷째는 영생이다. 이것이 성령론의 네 가지 실천 키워드이다. 교회의 표시에서 하나님을 믿음으로 모이며(정신), 교통/교제를 통해 공동, 공통, 공공의 개념을 확립한다. 이것은 삶이 고독한 것이 아니고 함께 사는 것으로서 공감대를 형성해야 하고 공동/공통/공공성이 지속되는 공동선/공공선(common good)을 찾는다. 이것이 민족과 국민과 사람을 찾아 존중하고 지탱, 지속 가능하게 한다. 그리고 우리는 이것을 지탱, 지속가능 하도록 항상 경고한다. 우리는 올가닉(organic) 즉 본래로 돌아가고 지키며, 균형을 유지하여 지탱, 지속 가능하도록 경고한다. 이것이 현대의 기독론이 가르치는 십자가의 도이다. 이것은 쉽지 않지만 예수님을 따르는 사람에게는 쉽고 가벼운 짐일 수 있다. 그래서 주님은 주님께 나오는 자들에게 내 짐은 쉽고 가볍다고 안내한다(마 11:28~30). 이것이 행위의 질이요 가치관이며 정사(正思)의 과정이다. 여기에 친구를 위해 십자가를 질 수 있는 사랑의 행위가 포함되어 있다. 예수님은 이것을 친히 행하시고 제자의 도리로서 "서로 사랑하라"ἀγαπᾶτε ἀλλήλους는 행동 지침을 명령하셨다. "너는 나를 따르라." 이것이 온전한 삶이다(마 5:43~48). 이러한 삶이 "끼리끼리"를 넘어선 공동/공통/공공성을 지속 가능하게 하는 삶이다.

윤리(ethics)는 "죄의 용서함을 믿는다"로부터 시작한다. 죄의 용서는 하나님이 인간에게 먼저 하신 은혜의 행위이다. 하나님의 은혜의 행위는 하나님의 절대 자유가 베푸신 행위이다. 강요나 억지가 아닌 절대 자유의 행위이다. 이 행위는 하나님의 약속 지킴의 신실하심을 나타내며, 하나님의 공의에 따른 행위이다. 그래서 예수님은 우리가 먼저 하나님의 나라와 하나님의 뜻을 따라 행하기를 기도하라고 말씀하셨다(마 6:33). 죄의 용서는 하나님이 먼저 하신 것이며, 우리는 하나님이 먼저 하신 것을 따라 다른 사람의 죄/허물을 용서해야 한다. 사실 하나님이 하신 것처럼 죄를 용서하는 것보다 허물부터 용서를 시작하는 것이 인간으로서 할 일인 것으로 보인다. 이것은 대단히 쉽지 않은 행동이지만 예수님을 믿는 나에게 도 요구되는 행위이다. 이 행위를 따를 수 있기를 기도하지만 잘 되지 않는다. "주여, 저의 마음을 열어 주시옵소서." 내가 혼자 기도할 때는 할 것 같지만, 막상 그런 상황을 만나게 되거나 생각이 날 경우 그렇게 되지 않음을 용서해 주시라고 하나님께 기도한다. 죄의 용서는 공동/공통/공공성을 지키는 시작이라고 생각된다. 그래서 예수님께서도 기도를 가르치시면서 하나님에 대한 사랑의 기도를 한 후 하루의 양식을 구하고 죄의 용서를 구하도록 가르쳐 주셨다. 그리고 공동/공통/공공성을 지키는 기도를 구하게 하였다.

여기에 행위의 덕목들이 필요하다. 행위의 덕목들은 하나님이 명령하신 십계명이 있고, 이어서 주님이 가르쳐준 기도의 내용들이 있고, 사도들을 통해서 가르쳐준 덕목들이 있다. 예를 들면 베드로 후서에서 말한 덕목들(벧후 1:5~7) 즉 믿음으로 시작하여 사랑으로 완성하는 덕목들이 있고, 이어서 바울 사도가 제시한 성령의 열매로 표현되는 덕목들(갈 5:22~23) 즉 사랑으로 시작하여 절제로 완성하는 덕목들이 있다. 또 야고보서가 제시한 믿음의 완성을 요구하는 행함의 열매들이 있다. 이러한 덕목들은 모두 예수님이 "서로 사랑하라"ἀγαπᾶτε ἀλλήλους는 덕목들을 따르는 내용이라고 할 수 있다.

나는 부활을 믿는다. 부활을 믿지 않은 사두개 파 사람들은 이 세상에 한정되어 결혼과 같은 것을 이용해 예수님을 시험하는 일에 매여 있었다. 그들의 삶이 이러한 구조속에 있어서 부활을 믿을 수가 없었다. 그러나 바리새 파 사람들은 부활을 믿었기 때문에 부활을 믿는 믿음에 따라 행위를 하려고 하였으나, 위선자들의 행위를 따라 공동/공통/공공성을 지탱 지속하지 못했다. 자기들의 이기심과 오만에 사로 잡혀 하나님을 믿는 것이 아니고 자신들을 내세우는 우를 범했다. 즉 입술, 다시 말하면 말은 하나님을 믿는다고 하지만 마음은 멀리 떨어져 있어 실제로 그들이 믿는 믿음은 위선적이었다. 예수님은 이러한 사실을 분명하게 밝히고, 하나님을 믿는 바른 믿음(正信)으로 돌아가도록 안내하였다. 그러나 그들은 끝까지 듣지 않았다.

세간에 미국을 향해 간 사람들은 오직 믿음의 자유를 얻기 위해 갔다고 한다. 물론 전부는 아니겠지만. 그들은 결국 신앙의 자유를 얻게 되어 뉴 잉글랜드 정신을 만들어냈고, 하나님께 대한 감사를 찾았고, 진정으로 하나님을 믿는 기도를 하였고, 삶의 기쁨을 얻었고, 더불어 사는 삶을 찾았다. 물론 그 과정에서 인간의 과오로 인디안들을 억압하는 행위를 하기는 했지만. 그들은 신앙의 힘 즉 정신의 힘을 찾았다. 그러나 남미를 찾아 부를 구했던 나라들은 결국 사람들을 죽이는 전쟁을 하였고, 쟁취하는 행위를 앞세워 정신을 잃었다고 한다. 이것이 사실이든 아니든 나는 신앙/믿음을 가지면 부는 따라오고 즉 먹을 만큼 먹거리가 생기고 기쁨이 따라온다고 믿는다. 여기서 "정신이 물질을 앞선다"는 교훈을 다시 확인한다.

지금 한국은 물질을 정신보다 앞서 추구하는 정책을 따르려 하는 것으로 보인다. 대통령이 되려는 사람들은 한결 같이 경제를 먼저 살리려 한다고 말한다. 나라를 살리고 민족을 살리려는 사람들은 목숨과 재물을 내놓고 헌신하여 정신을 살려 놓았는데, 지금 정치하는 사람들은 아무리 국민들에게 잘 살게 해주려고 노력해도 국민들의 배를 만족스럽게 채워주지 못할 것이다. 그래서 예수님은 이러한 상황을 잘 아시고 "일용할 양식"을 주시기를 하나님께 기도하라고 하셨다. 세계에는 배고픈 나라 사람들도 삶에서 기쁨과 만족을 얻는 사람들이 많이 있다. 나는 욕심에 따라 집 값을 너무 많이 올리고, 즐기기 위하여 게임을 지나치게 하고, 놀기를 지나치게 좋아하며, 점점 모래알이 돼 가는 느낌이 들기도 한다. 모래는 진흙과 함께 있어야 하고 돌과 함께 있어서 필요에 따라 서로 도움을 주는 공동/공통/공공성을 보전해 가야 한다. 그래야 산다. 우리나라는 지금 구심점 즉 정신이 없는 것처럼 보인다. 왜 삼일운동이 오늘날도 중요하게 생각되는가? 그것은 삼일운동이 "민족"이라는 구심점 즉 정신이 있어서 폭도들인 일본의 강제점령에서 벗어나려고 하였기 때문이다. 우리 사회는 어느 정도 부를 이루고 "나노사회"로 가면서 모래알로서 각자 흩어져 굴러가거나 모래알 대로 있는 느낌이다. 그래서 공동체를 외치고(교회) 노력해도? 거기에 공동체는 없는 것 같다. 부활과 영생을 믿는 교회에도 모래알로 여전히 굴러다니는 것 같다. 십자가가 거기에 모양만 있고, 연결시키는 힘이 빠져 있기 때문일 것이다. 나는 하나님을 믿으면서 SHALOM의 윤리를 외친다. 이것은 나의 신학적 윤리학이다.

윤리 SHALOM에서 S는 구원 즉 shalom을 이루는 것을 의미한다. H는 희망/소망 즉 hope을 의미한다. A는 아멘 즉 amen, 확언 즉 affirmation, 감사 즉 appreciation을 의미한다. L은 생명과 사랑의 리더십 즉 life-love leadership을 의미하고 O는 정신, 정사, 정행 즉 orthofides, orthocognitio, orthopraxis를 의미하고, M은 운동력/에너지 즉 momentum, 운동을 하게 하는 동기부여 즉 motivation, 행동에 옮기는 행위 즉 movement를 의미한다. 이것은 믿고 정신(正信)을 차려 사리를 분별하고, 생각하며 즉 정사(正思)하고, 정행(正行)하여 이루는 윤리학을 원한다. 하나님은 제사보다 자비를 원하신다. 나는 이에 따라 신학적 윤리로서 SHALOM의 윤리학을 제창한다. 나는 그래야 바른 정신을 가지고 사는 길로 바로 간다고 믿는다. 즉 부활과 영생을 믿는 사람들의 교회에 속하며 서로의 허물을 용서하고 영원히 사는 길로 갈 수 있다고 믿는다. 이것이 생명론이 할 일이다. 생명론은 부활과 영생을 말한다. 한국에서는 민족/국민/사람을 우선하는 것을 의미한다. 이것은 인간 중심이 아니고 인간을 우선으로 생각하지만 모든 것 즉 무생물까지도 포함하여 관계를 이루고 살기 때문에 그것을 관리하는 인간을 먼저 생각하되 이기심이나 욕심을 따라 착취하는 행위를 하지 않고, 하나님의 피조물로서 관계적 삶 즉 모든 것이 연계하여 사는데 협력하고 돕는 일을 하면서 살아야 한다는 의미이다. 생명 존중의 관계는 무생물도 포함하여 존중하라는 의미이다. 여기에 하나님에 대한 감사와 예배가 있다. 이것이 나의 성령론, 교회론, 화해론, 종말론, 생명론의 요약이다.

맺는 말로서 나는 삼중지식의 하나님(triplex cognitio Dei creatoris, redemptoris et pastoris)을 믿으며, 따라서 신론과 인간론을 확립하고, 유기적/organic과 균형적/balanced의 경고를 기독론에서 보고 기독론을 확립하고, 성령을 믿으며 성령론을 확립하고 성령론을 통해 구체적으로 할 일들 즉 사도들을 통해서 가르친 더목들을 행하게 함을 따르려 한다(윤리). 찬송 196 장. 즉 교회를 세우며 확립하고, 믿는 자들이 서로 죄와 허물을 용서하고, 부활과 생명을 믿는다. 여기서 교회론, 화해론, 생명론을 확립하고 감사와 예배와 바른 행동들을 따라 행하려고 한다. 이러한 행동은 하나님 아버지를 통해 행위의 방향을 정하고, 하나님 아들을 통해 행위의 질을 결정하고, 하나님 영으로서 성령의 인도하심을 통해 행위의 내용을 정한다. 이렇게 해서 나의 윤리학은 신학적/기독교 윤리학이다. 또 나는 신사행(信思行) 신학과 윤리라고 부르기도 한다. 다른 말로 요약하면 나의 신학은 "황금 차" 신학(the theology of GOLDTEA)이고 나의 윤리는 샬롬의 윤리(the ethics of SHALOM)이다. 여기서는 항상 하나님 먼저, 성경을 따름, 실천을 요구한다.

키워드: 하나님 아버지, 하나님 아들, 하나님 영; 창조, 정의와 사랑, 실행; 세계관, 가치관, 실천 덕목; 방향, 질, 내용; 믿음, 사랑, 소망; 사도신경, 십계명, 주기도;

[2]

나의 신학의 안내자 칼 바르트 신학의 길잡이:
그의 대화를 중심으로

바르트를 이해한다고 하는 것은 하나의 큰 모험이라고 나는 생각한다. 나는 바르트에 관해 윤리부분에 대해서만 조금 공부하였으나 신학적 윤리로 다루었기 때문에 신학을 초보적이지만 이해하려고 노력하였고, 신학에 연결하여 윤리 문제를 다루었는데 개인적으로 정리할 마음이 생겨 여기에 그의 대화록을 참고하여 정리하여 기록하고자 한다. 그리고 나는 여기서 나 자신의 개인적인 생각을 다른 사람들과 공유하려고 한다.

바르트가 가장 중요하게 생각하는 기본 개념들

첫째는 하나님에 대한 이해이다. 바르트는 19세기 독일 자유주의 신학을 주창한 선생님들의 풍토 가운데 공부하였는데, 바르트에게 이것은 “아니다” 라는 생각이 들었다. 그 선생님들의 핵심은 인간의 이성 중심으로 모든 것을 이해하려고 한 점이다. 그들은 특히 칸트의 영향을 받아 인간의 이성으로 이해되는 것만 인정하려고 하였다. 즉 칸트가 주장한 오직 이성의 한계 안에서의 종교를 따르거나 인간의 의식을 통해 하나님을 이해하려고 하였다. 바르트는 확실하게 그들과 맞서서 하나님을 재발견하였다. 이 하나님은 성경이 말하고 신앙의 선조들이 말하는 하나님 즉 삼위일체 하나님이었다. 따라서 바르트에게 있어서 신학의 주제는 하나님이고, 술어도 하나님이고, 모든 신학적 설명도 하나님이었다. 이 생각은 바르트가 죽을 때까지 확실하게 보전하여 주장한 핵심으로 생각된다.

둘째는 하나님은 인간과 분명하게 질적으로 다름/분별되면서 인간에게 명령하시는 분이다. 따라서 바르트에게 있어서 인간은 하나님의 피조물이며, 하나님의 명령을 듣고 복종/순종해야 하는 존재이다. 하나님은 창조주이고, 화해주이고, 구속주이다. 그리고 성령 하나님은 하나님의 영으로서 인간과 만난다. 인간은 성령에 의지하여 자유를 얻고, 하나님의 말씀을 들으며, 책임을 지고 감사하며 희망을 갖는다. 바르트는 이 사건을 하나님의 은사라고 말한다. 이 내용은 바르트가 강의를 위한 원고 없이 행한 내용 즉 그의 대화록이다.[2]

2 교회교의학 개요, 신준호 역, 223 쪽.

셋째는 하나님의 명령이다. 이 개념은 바르트의 『교회 교의학』을 관통하는 개념이다. 바르트의 “하나님의 명령”을 이해하지 못하면 바르트의 『교회 교의학』을 잘 이해할 수 없다. 바로 이 개념이 『교회 교의학』을 시작하는 성경론 즉 말씀론으로부터 시작하여 이어지는 핵심적 개념으로서 교회 교의학을 관통하고 있다. 『교회 교의학』 II에서는 신론을 다루면서 일반 윤리의 명령을 정리하여 밝히고, 『교회 교의학』 III 창조론에서는 특별 윤리를 전개하면서 III/4권에서 하나님의 명령을 다룬다. 그리고 『교회교의학』 IV에서 하나님의 명령을 다루고, 바르트가 다 쓰지 못하고 죽은 부분에서도 하나님의 명령을 예시하고 있다. 이렇게 해서 하나님의 명령은 『교회 교의학』의 핵심 문제이며, 바르트의 신학과 윤리를 연결하는 핵심 내용이기도 하다.

넷째는 하나님을 믿는 사람들의 삶이다. 바르트가 남긴 마지막 부분이 그리스도인의 삶 즉 『The Christian Life』이며 교회 교의학 IV/4 권으로 정리되어 있다. 즉 이것은 바르트의 전집 마지막 부분이다. 그 내용은 바르트가 하나님을 화해자로 이해하며, 제목을 “화해주 하나님의 명령”으로 달고 있다. 그리고 첫째 내용의 제목을 “화해론의 과제로서의 윤리”라고 말하고, 두 가지 소제목을 달고 있다. 하나는 특별윤리의 중심 문제이고, 다른 하나는 명령하시는 하나님으로서, 은혜로우신 하나님이다. 둘째 내용은 주님의 기도 해석을 통해 믿는 사람들이 어떻게 살아야 하는가, 다시 말하면 어떻게 행동해야 하는가의 지침을 보여준다.

바르트에 대한 오해

"바르트는 자유주의 신학자이다" 라는 오해.

바르트는 자유주의 신학자가 아니다. 자유주의 신학은 독일을 중심으로 19세기에일어난 신학 풍조이다. 대표적인 학자들은 쉴라이어마허, 리츨, 하르낙, 트뢸취 등과 같은 사람들이다. 바르트는 자유주의 신학자들인 선생님들로부터 배웠다. 그러나 그들의 가르침은 성경으로부터 나온 가르침이 아니고, 인간의 이성을 기초/기반으로 한 생각을 우선으로 하는 가르침이었다. 그래서 바르트는 자기 선생님들을 따르지 않고, 반대로 하나님의 신성을 발견하고 하나님을 먼저 생각하고 신학의 주제를 하나님으로 믿고 신학을 새롭게 전개하였다. 특히 1920년 대 초 로마서를 통해 하나님과 인간의 질적 차이가 있음을 확인하는 내용을 선포하였다. 바르트의 이러한 생각은 쇠얀 키르케고어에게서 배우고, 하나님의 말씀, 특히 로마서 주석 제 2판에 나타낸다.

"바르트는 성경을 왜곡한다" 라는 오해.

이 말은 바르트를 읽지 않은/잘 알지 못하는 사람들이 만들어낸 허구이다. 바르트는 성경을 하나님의 말씀으로 믿었다. 그리고 그는 그 말씀을 진리라고 믿었다. 즉 "당신의 말씀은 진리입니다" 라고 믿었다.[3] 이것은 바르트의 고백이다. 하나님은 성경 말씀 안에서 말씀하신다. 논쟁이 일어난 것은 성경이 하나님

3 George Hunsinger, ed., Thy Word Is Truth: Barth on Scripture, Eerdmanns.

의 말씀으로, 즉 믿는 사람들에게 "사건"으로 일어나야 한다는 내용 때문이었다. 다시 말하면 사람들은 "성경이 하나님의 말씀이다" 라고 생각하는데, 반해 바르트는 성경 말씀이 하나님의 말씀으로 믿는 사람들에게 사건으로 일어나야 한다는 주장을 하였다. 즉 그는 성경의 말씀을 동태적(動態的)으로 이해한다. 다시 말하면 바르트는 성경에 기록된 말씀이 하나님이 이 순간에 일어나는 사건 즉 하나님이 "지금 여기서" 말씀을 읽는 사람에게 말씀하시는 말씀이 되어야 한다는 것이다. 그래서 의미하는 것은 진정한 하나님의 말씀을 접하고 믿으며 행해야 한다는 내용이다. 그리고 바르트는 말년으로 갈수록 성경의 말씀을 문자 그대로 믿는 것으로까지 보인다(요 17:17). 바르트는 1961년 감리교 설교자들이 동정녀 탄생을 믿느냐는 질문을 받았을 때 믿는다고 대답한 적이 있다.[4] 또 Tübingen 대학에서 예수님의 부활을 믿느냐는 질문을 받고 성경에 기록되었으니 믿는다고 대답하기도 했다.[5]

바르트는 강의의 내용이 성경으로부터 나오고, 성경을 먼저 주석하고 강의를 했다고 한다. 하여간 바르트는 성경이 교회의 합의로 결정된 말씀으로서, 하나님이 말씀하시는 내용으로 믿는 것으로 나는 이해하였다. 이러한 생각은 바르트가 신학을 하는 가운데 끝까지 지킨 내용이라고 나는 생각한다. 이 말씀 안에서

4 Barth in Conversation, 1, 132 쪽.

5 Barth in Conversation, 3, 21 쪽.

하나님은 은혜로우시고 자유로우시고 신실하시고 정의로우심을 보이신 분이시다. 이 내용을 구체적으로 알 수 있도록 하나님은 자기의 아들이신 예수 그리스도를 통하여 확실하게 보이신 것을 바르트는 보여주려고 하였다.

"바르트는 신정통주의자이다" 라는 오해.

이것은 바르트의 말을 들었거나 읽은 사람은 아니라고 확실히 말할 수 있다. 바르트가 신정통주의자라는 말은 그가 직접 말한 글을 접하지 않고 한 말이다. 바르트는 자기가 정통주의자도 아니고 신정통주의자도 아님을 분명히 선언한다.[6] 심지어 바르트는 신정통이라는 말은 코메디 같다고까지 말했다.[7] 바르트는 어떤 주의를 따르는 것을 반대한다. 한때 그는 사회당에 가입하였으나 하나님의 나라에 대한 확신을 가지고, 사회당의 입장과는 다른 방향을 가지게 되었다. 물론 그는 사회에 대한 관심을 계속해서 가졌다.[8] 바르트에게 있어서 당시 가장 중요한 문제는 신앙과 그리스도를 따르는 것이 일치하는 온전한 그리스도를 믿고 따르는 삶이었다.[9]

한국에서는 바르트를 상대주의자라고 말한 적이 있다. 그것은 하나님의 말씀이 사건으로 일어나야 한다는 말을 비판하는

6 Barth in Conversation, 3, 229 쪽.
7 Barth in Conversation, 3, 366.
8 Barth in Conversation, 3, 231, 341 쪽.
9 Barth in Conversation, 1, 232 쪽.

말로 이해된다. 그러나 바르트가 성경 안에서 하나님의 말씀으로 일어나서 믿음을 가질 수 있게 하는 것으로 이해하고, 말기에 갈수록 성경에 기록된 말씀을 그대로 믿는다고 고백하는 것을 보면 바르트가 하나님의 말씀에 대해 상대주의자라는 말은 오해에서 비롯된 표현이라고 할 수 있다. 또 바르트를 한국에서 자유주의 신학자라고 하는 말도 자유주의 신학을 19세기 독일의 자유주의신학을 의미하는 것을 왜곡하거나 한국적 상황에서 왜곡하는 표현이라고 할 수 있다. 바르트는 분명히 독일 자유주의 신학과는 출발점이나 내용이 완전히 확실하게 다르다. 오히려 정반대의 접근 방법이다. 앞에서 밝힌 대로 예를 들어 동정녀 탄생을 믿느냐는 질문을 받았을 때 성경에 기록되어 있으니 믿는다고 대답한 적이 있다. 또 사람들이 바르트를 가리켜 신정통주의라고 말하는 것을 따라 그렇게 생각하는 신학자들이 있는데 위에서 밝힌 것처럼 자기를 신정통주의자라고 부르는 것은 코메디 같다고 했으니 그것 또한 오해임을 확실히 알 수 있다.

바르트의 신학의 변화 단계

바르트의 신학적 변화 단계는 미국 프린스톤 신학교의 초청으로 강연했을 때 받은 질문을 보고[10] 그 질문에 대해 필자가 바르트를 읽고 대답하는 형식으로 정리했다.

---

10 Barth in Conversation, 1, 219-220 쪽.

변증적 신학 단계

이 단계는 『로마서 주석』 2판이 대표적인 책이다. 하나님은 하나님이고, 인간은 인간임을 명확히 구분하는 단계이다. 따라서 신학의 주제는 하나님이고, 인간이 아니다. 이것을 강조한 것은 당시 신학의 풍조가 자유주의 신학 즉 인간의 이성을 모든 것의 중심으로 이해하는 단계에 대한 철저한 반대의 입장을 취하는 단계이다. 이것을 분명하게 확인하기 위하여 바르트는 1921년에 궤팅엔 대학의 개혁신학 교수로 강의를 시작하면서 확실하게 보여주었다. 바르트는 여기서 『Göttingen Dogmatik』(궤팅언 교의학)을 가르치는데 "하나님은 하나님이고 인간은 죄인이며" "신앙과 복종/순종"과 함께 다른 개념들도 이러한 맥락에서 명확히 밝히는 작업을 하였다.

교회 교의학 단계

이 단계 직전에 『기독교 교의학』을 발표하였는데 교의학을 하나의 학문으로서 정리하였다(1927). 그 후 바르트는 Rudolph Otto와 같은 사람들의 종교에 대한 개념을 새롭게 접하게 되었고, 신학을 위해 Anselmus의 fides quaerens intellectum(신앙은 이해를 추구한다)과 같은 개념을 접하여 『기독교 교의학』과는 전혀 다른 방향에 서게 되었다. 그래서 그는 1932부터 『교회 교의학』을 집필하기 시작하였다. 『교회 교의학』은 전체 12권으로 구성되었다. 내용은 말씀론, 신론, 창조론, 화해론이며, 구속론은 미간행 되었다. 바르트는 교의학을 다음과 같이 정의하고 있다.

"교의학은 교회가 자신의 선포 내용을 비판적으로 해명하는 학문이다."[11] 또 "교의학의 주체는 그리스도교적 교회다."[12] 즉 핵심 개념은 하나님이다. 이 내용은 교회가 합의한 사도신경을 따르고 있다. 교의학을 간결하게 이해하기 위해서는 『교회교의학 개요』가 도움이 될 것으로 보인다.

개신교 신학 단계

이 단계는 바르트의 신학의 마지막 단계인 것으로 보인다. 바르트는 개신교 신학을 다음과 같이 정의한다. "개신교 신학은 복음의 하나님을, 즉 복음 안에서 스스로를 알리시고 인간에게 말씀하시며 인간들 사이에서 인간에게 행동하시는 하나님을 인지하고 이해하고 언어로 표현한다."[13] 바르트는 개신교 신학의 네 가지 특징을 다음과 같이 말한다.[14]

개신교 신학은 복음적 신학으로서 복음 안에서 자신을 알리시는 하나님을 향하여 오직 하나님께 만 영광을 돌린다.

개신교 신학은 인간의 실존, 믿음, 이성이라는 세 가지 하위 전제와 함께 작업한다. 그래서 개신교 신학은 복음의 하나님께서 실제로 인간 실존과 관계하시며 실제로 하나님 자신에 대한 믿음을 인간에게 깨우고 부르시며 그와 함께 실제로 인간의 정

11 교의학 개요, 신준호 역, 10 쪽.
12 교의학 개요, 신준호 역, 11 쪽.
13 개신교 신학, 신준호 역, 11 쪽.
14 개신교 신학, 신준호 역, 11 쪽 이하.

신적인 활동 능력을 총체적으로 요청하시고 움직이신다.

개신교 신학의 대상은 역사 안에서 행동하시는 하나님이시다. 이 하나님은 역사 안에서 하나님 자신의 존재와 본질을 동시에 소유하신다. 이것은 성경이 말하는 진리 즉 "알레세이아"(aletheia)에 해당한다. 이것은 일반적으로 말하는 진리가 아니다(하나님에게 만 적용되는 말이다).

개신교 신학에서 복음의 하나님은 긍휼히 여기실 수 있으며 성부, 성자, 성령이신 한 하나님으로서 자유로우시며 인간과 함께 하시며 인간을 위한 하나님이 되시며, 아버지로서 하나님이 되시며, 도움을 주시고 치료하시고 올바르게 만드시고 평화와 기쁨을 가져오는 사역을 하시는 분이시다.

결국 바르트에게 있어서 개신교 신학은 복음적 신학이며, 임마누엘 즉 하나님이 우리와 함께 계신다는 신학으로 정의한다고 나는 생각한다.

바르트의 신학 방법론

성경에서 출발한 신학. 성경에서 하나님이 말씀하시고 그 말씀은 진리이다 라고 이해하는 신학. 변증신학 단계.

하나님 중심의 신학. 성경을 통해 당시 자유주의 신학을 반대하는 근거를 찾았고 동시에 하나님의 신성을 다시 발견함으로 인하여 하나님 중심의 신학을 전개한다. 이 하나님의 중심의 신학은 당시 자유주의 신학에 정면으로 반대하는 신학이다. 이 때 하나님은 십계명, 특히 제 일 계명에 나타난 하나님이다. 하나님은 명령하시는 분이고, 인간은 복종/순종해야 하는 존재이다. 그래서 철학적 사고를 기반으로 하는 신학 즉 불트만의 신학(골 2:8, Heideggar)과 결별하고, 또 인간의 이성을 기반으로 하는 신학 즉 고가르텐의 신학(후기)과도 결별한다. 이때 바르트는 『기독교 교의학』(1927)과도 결별한다.

교회 중심의 신학. 여기서 바르트는 교회의 합의를 존중하는 신학을 천명하며, 교회 교의학을 공고하게 한다. 이때 바르트는 종교의 개념을 확실히 이해하고, Anselmus의 fides quaerens intellectum의 영향을 받는다. 사도신경과 성경의 사고가 지배하며, 그리스도 중심적 사고를 구체화한다. 왜냐하면 신학을 하는 구체성을 제시하기 위해서이다. 『교회교의학』의 시대를 확정한다.

복음선포 중심의 신학. 즉 바르트는 복음적 신학을 고수하는 개신교 신학을 확립하려고 한다.

삶에 충실하고자 하는 신학. 이때 바르트는 화해론을 강조하며 주기도를 삶의 중심으로 하는 신학을 제시한다. 바르트는 기독교인/교회의 삶을 제시한다. 바르트는 기독교윤리학 즉 신학적 윤리학을 강조한다. 즉 바르트는 교회 교의학+기독교윤리학/신학적 윤리학을 제시한다.

기억하고 싶은 말

1. 바르트가 1968년 12월 9일 죽음을 예측하고 친구 Eduard Thurneysen에게 전화를 통해 한 말을 필자는 기억하고 싶다. 이 세상을 통치하는 것은 모스크바도 아니고 워싱턴도 아니고 베이징도 아니고 "저 위에서" 한다. 다시 말하면 이 세상의 통치는 하나님이 하신다는 의미이었다.[15]

2. 바르트에게서 성경의 중요함을 필자는 확실하게 기억하고 싶다. 바르트는1963년 5월 31일 Time 지와의 대화에서 "한 손에 성경을 다른 한 손에 신문을 들고 읽으라." 그리고 바르트는 이어서 "둘 다 읽되 신문은 성경에 비추어 해석하라."[16] 라고 말한다. 영문으로는 다음과 같이 번역되어 있다. "Take your Bible and take your newspaper, and read both. But interpret newspapers from your Bible!" 이 말은 하나님과 하나님이 통치하시는 세상을 보고 이해하라는 말로 들린다. 이 말은 세상을 이해하는 관점이 성경이어야 한다는 의미로 들린다. 바르트는 죽기 전에 이 세상의 통치는 하나님이 하시고, 세상의 일들은 성경의 관점에서 해석하고 대처하라고 한 말로 나는 기억하고 싶다.

3. 주님 만이 세상을 다스리시는 통치자이심을 나타낸 바르

15 Barth in Conversation, 3, 379 쪽.

16 Barth in Conversation, 2, 6 쪽.

멘 신학선언을 필자는 기억하고 싶다. 세상을 망치는 통치자 히틀러를 향해 하나님을 믿고 예수 그리스도의 삶을 따르고자 한 신앙을 가지고 저항한 용기 있는 신학자 바르트를 나는 기억하고 싶다.

4. 바르트가 최후적 고백을 하는 말을 기억하고 싶다. 바르트는 마지막 고백을 하면서 하나의 신학적 질문을 스스로 한다. "예수 그리스도는 나를 위해 무엇인가?" 그는 스스로 이 질문에 대한 대답을 한다. 그 내용은 다음과 같다. "예수 그리스도는 하나님과 인간 사이에서 언약으로서 나와 깰 수 없는 관계의 기반이다."[17] 이 말은 바르트의 신학의 핵심이기도 하다. 나는 여기서 신명기 27:3 말씀과 요나서 4:2 말씀을 연계하여 생각한다.

바르트의 신앙의 뿌리

목사가 되려면 최소한 부모가 계시면 교회를 다니고, 교회 생활을 잘 이해하고, 하나님을 신실하게 믿고, 가정에서 잘 훈련을 받은 사람이어야 한다는 말을 나는 늘 들었고 지금도 듣고 있다. 이 말은 나에 대한 비평을 하는 사람들의 눈에 비치는 것으로 나는 듣고 있다. 그런데 바르트는 당시 대 신학자이며, 신학교 교

---

17 Karl Barth, Final Testimonies, William B. Eerdmans Publishing Company, 1977, p. 13.

수인 아버지 밑에서 잘 훈련을 받은 사람이었다. 바르트는 목회자로 일하기도 했다. 바르트는 젊은 나이에 칼빈을 전문적으로 연구하고 책을 썼고 젊은 나이에 개혁교회 신학을 가르치는 교수로 청빙을 받아 강의했고, 자기 신학의 기초를 쌓을 수 있는 요한복음 일장을 연구할 수 있었을 것으로 생각된다. 그는 죽을 때까지 성경을 중심으로 하는 신학을 하였는데, 거기에는 항상 칼빈이 있었고, 요한복음이 있었다는 생각을 나로 하여금 하게 한다.

확실하지 않은 소문

미국 시카고 대학교에서 강연을 할 때 어떤 분이 바르트에게 당신의 신학을 한 마디로 요약하면 무엇이라고 할 수 있느냐 라고 질문을 받았을 때 바르트의 대답은 찬송 "예수 사랑하심은 성경에서 배웠네… 날 사랑하심, 날 사랑하심, 날 사랑하심, 성경에 쓰였네(말하네)." 다시 말하면 바르트의 대답은 하나님이 자기를 사랑하신다는 의미였다고 전한다. 그러나 내가 바르트의 시카고 강연을 여러 번 읽고 당시의 시카고 신문들을 찾아도 발견하지 못해서 지금도 계속 찾고 있는 중이다. 바르트가 하나님의 사랑을 분명하게 믿고 있었다고 나도 생각하지만, 바르트가 그렇게 간단하게 대답을 했을까 라는 의심은 한다.

맺는 말

위대한 신학자 칼 바르트(Karl Barth, 1886~1968)를 필자가 소개할 자격이 부족하다고 생각하면서도 미국에서 바르트 연구가 새롭게 시작되는 학교 가운데 하나인 Emory 대학교에서 공부를 했고, 장로회 신학대학교에서의 바르트 교육과 미국 콜롬비아 신학교에서 논문 지도와 개혁교회 신학 강의를 하시고 필자의 석사학위 논문을 지도하신 S. Guthrie 교수님, Emory 대학교에서 논문 지도를 해 주신 James Laney 교수의 지도로 박사학위를 받은 사람으로서 그리고 글로서 많은 배움을 주신 바르트 교수님을 아는 대로 소개하고 싶었다. 부족하지만 바르트 교수의 가르침을 오해한 사람들이 오해를 풀었으면 좋겠다. 끝까지 하나님을 믿고 성경을 지키려고 노력하고 아우구스티누스와 칼빈의 전통을 따라 신학을 탐구하며 신학이 신학 만의 방법을 추구하려고 한 바르트 교수님의 가르침을 나는 나의 방법으로 이해하는 대로 감사하면서 바르트를 처음 접하는 사람들과 공유하여 조금이라도 도움을 주려고 하였다.

중국어 공부

나는 캄보디아 선교를 일단 중지하고 중국의 선교에 강사로 부름을 받아 응하였다. 과목은 두 가지였다. 기독교 신학 입문과 기독교윤리학 개론이었다. 차츰 기독교신학 입문의 요청이 많아지면서 기독교윤리학은 다른 사람에게 넘겼다. 그리고 나중에는 그동안 요한복음에 관심을 많이 갖고 가르치던 중 중국에서도 가르칠 기회가 주어져 요한복음을 가르치게 되었다.

이러한 와중에서 나는 중국어를 알고 가르치는 것이 좋겠다는 생각을 하게 되었다. 기왕에 가르치는데 중국어를 알면 더 효과적이겠다는 생각을 하였다. 만일 내가 중국어를 한다면 학생들과 더 가까워지고 소통에 도움이 될 수 있을 것이라는 판단이 섰다. 그래서 중국어를 시작하기 위하여 책방을 찾았다. 그런데 내가 느낀 것은 안내자가 있으면 좋겠다는 생각이 들었다.

사실은 강의를 하려고 할 때마다 내가 원고를 쓰고 중국어로 번역을 하고 통역을 두어 강의를 하니 뜻이 바로 전달되고 있는지 질문은 제대로 받고 대답도 분명하게 하고 있는지 답답함을 느꼈다. 그러면서도 할 수 없으니 통역을 동반하게 되었다. 통역하는 사람은 나의 전공을 따라오고 있는지 나의 의도를 완전히 파악하고 있는지가 문제였다. 그러나 통역자들도 통역을 하다 보면 익숙해지고 더 이해가 되어 전달할 것이라는 믿음을 갖고 신뢰하고 강의를 하지만 중국어를 조금이라도 알면 도움이 될 것만 같았다.

나는 책방에 가서 자세히 살펴보는데 다행인 것은 내가 한문을 조금 알기 때문에 도움이 될 것 같았고 책방에 추세를 파악하려고 노력하면서 초보자를 위한 책을 구하기로 하였다. 그러나 안내자기 없기 때문에 전적으로 내 자신이 판단하여 가장 기초가 되겠다고 생각되는 회화책 중국어 기본 패턴을 알려주는 책을 구입하였다. 그 책이 말하는 대로 백 문장을 외우면 뭔가 말을 할 수 있지 않을까 해서 CD가 들어있는 책을 사서 공부를 시작하였다. 참으로 열심히 하였으나 독학이라는 작업이 쉽지 않았다. 그런데 어느 날 중국어 문법을 하면 도움이 되겠다고 생각하여 문정아 선생님이 쓴 중국어 어법 교과서를 사서 문법 공부를 시작하였다. 문장들은 어려웠지만 인터넷 강의를 들으면서 열심히 하였다. 물론 잘 하지는 못했지만 조금씩 익혀지고 있었다. 그리고 그 다음은 순서도 없이 dream 회화 책을 사서 인터넷 강의를 들으면서 4권까지 공부를 했다. 그러나 상대가 없이 혼자 한다는 것이 그렇게 쉽지만은 않았다. 그래도 열심히 하였는데 그 때 중국어 발음을 알게 되었고 소리 내어 연습을 하였다. 조금 진도 나가면 앞 부분은 다 잊은 것 같았다. 실망도 되었지만 본래 독학을 하는 습관이 있어서 잘 안 되어도 그냥 진도 나가면서 열심히 연습을 하였다. 그 사이에 다시 기초로 돌아가기도 하고 앞으로 나가기도 하였다.

그 때 흥미로운 것은 중국에 가서 강의를 할 때 조금씩 귀에 들어오는 소리가 있었다. 또 식사할 때 중국 사람들이 하는 말도 조금씩 들어오는 말이 있었다. 그리고 번역해 놓은 나의 강의도 읽을 수 있는 부분이 있고, 특히 성경을 읽을 수 있는 것이 기뻤다. 그래서 요한복음을 중심으로 해서 여러 번 읽었고 단어장을 만들었고 계속해서 인터넷 강의를 들었고 지금도 발전이 없는 것 같지만 계속 하루에 30분 이상 듣고 있다.

중국어를 공부할 수 있게 경제적 도움을 준 교회가 있었다. 담임 목사님이신 김재민 목사님이 선교비를 후원해 주셨는데 중국어 평생 반에 들어갈 수 있는 수강료를 지원해 주셔서 지금도 계속 공부할 수 있다. 자유롭게 넘나 들면서 중국어를 소리 내어 따라 하지만 물론 혼자 하니까 발전은 많이 되지 않은 것 같다. 그래도 혼자 꾸준히 소리 내어 연습한다. 만약 중단하면 강의를 계속해서 들을 수 없을 수도 있다. 왜냐하면 하루 30분 이상 100회 인가 듣지 않으면 계속해서 들을 수 없기 때문이다. 처음에는 자유로웠는데 새로운 규칙이 생겨서 점점 엄격해지는 것 같다.

공부를 계속하니까 발전은 없는 것 같지만 욕심은 더 생겼다. 첫째로 성경을 읽기 위해 성경 책을 사서 읽게 되고 발음을 익히기 위해 노력하고 알아듣기 위해 노력을 하게 되었다. 그래서 징두성경을 인터넷에서 받아서 듣는데 대단히 어려웠다. 그러나 요한복음 일장을 계속 들으니까 들어오는 부분이 생겼다. 놀라운 결과이다. 흥분되지만 발전은 대단히 어려웠다. 또 길거리 중국어를 들으면서 나 자신이 실망을 하였지만 새로운 용어들은 필기를 하면서 조금씩 발전하였다. 예를 들면 운동화라는 말이 처음에는 전혀 들어오지 않았다. 후두티와 같은 단어는 대단히 생소하였다. 그렇지만 길거리 중국어도 많이 도움이 되고 있다. 그리고 여행을 위한 보기는 더 어려웠다. 성경은 사전 놓고 읽으면 상당히 많이 읽을 수 있고 이해하는 것은 본래 신학교에서 배운 것을 동원해서 맞추어 보기도 하는데 이해가 많이 된다.

사전은 나의 경험으로는 두 가지 사전이 크게 도움을 주고 있다. 하나는 한중 사전이다. 민중서림에서 발간한 사전인데 상당히 많은 단어가 수록되어 있다. 그러나 종교적인 부분은 없는 것도 있다. 예를 들면 설교라는 낱말은 기독교에서 사용하지 않은 용어이었다. 그러나 많은 단어들이 수록되어 있어서 응급 상황에서 사용할 수 있을 것 같고 요즘은 인터넷 사전이 있어서 보완하면 좋을 것이라는 생각이 든다. 다른 하나는 고려대학교에서 발간한 중한 사전인데 내가 판단하기는 최고의 사전인 것 같다. 제본은 약간 모자랐으나 점점 좋아지고 있는 것 같다. 내가 몇 번 샀는데 그것을 증명해 주고 있었다. 여기서 종합적으로 느낀 것은 많은 어휘가 수록되어 있음에도 불구하고 새로운 낱말들을 수록하기는 역부족인 것 같다. 그러나 특히 고려대학교의 사전은 인터넷 판에서 그 부족함을 많이 보완해 주는 것 같다. 그리고 인터넷 사전들이 좋아서 세계적인 사전들을 동원하여 발음까지 제공하기도 한다. 그리고 네이버의 모든 사전은 최고의 도움을 주는 것 같다. 나는 무료로 사용하면서 네이버 사전에 대해 감사한다. 그리고 고대 사전과 민중서림 사전에 대해서도 감사한다.

내가 욕심을 내는 부분도 있다. 하나는 HSK 시험이고, 다른 하나는 한어구어를 익히는 부분이다. 그래서 HSK를 도전하려고 4급 공부까지 들어갔다. 그런데 순발력의 싸움에서 안 되겠다는 생각이 들었다. 80세가 넘어서 혀도 잘 도와주지 않고 듣는 속도도 따라가지 못했다. 물론 3급까지는 할 수 있겠다는 생각을 하고 4급에 들어갔는데 문제는 이 시험에 합격해서 무엇을 할 것인가 라는 질문을 스스로 하고 포기하였다. 또 합격한다는 보장도 없었다.

또 한 가지는 한어구어 회화 공부이다. 도봉 노인 복지관에서 3급을 공부하였는데 인터넷 강의를 문정아 선생님이 하는 것을 들으면서 많이 이해하게 되었다. 열심히 따라서 하고 있다. 4권까지는 문정아 선생님이 강의를 하고 5권부터는 중국인 선생님이 강의를 한다. 특히 중점을 짚어서 알려주는 내용은 잘 알아듣고 열심히 하지만 4권과 5권에 나오는 대화내용들은 많이 따라잡지 못한다. 그래도 여러 번 들으니까 많이 들린다. 특히 문정아 선생님은 따라서 소리 내어 연습하라고 해서 그대로 하고 있다. 6권까지 있는데 5권까지만 하려고 한다. 한 가지 질문은 강의가 구판으로 이뤄지고 있는데 신판은 하지 않을 것인지 이다.

내가 끝까지 관심을 갖고 있는 것은 결국 회화이다. 오래 동안 영어를 공부하였으니 수십년 동안 사용하지 않으니까 더듬거리고 어휘를 많이 상실하여 어려움을 겪었는데 결국 중국어도 사전을 놓고 성경을 읽을 수 있다 하더라도 말을 하지 못하면 좋지 않겠다는 생각이 들어 Chin 중국어를 교과서로 하여 공부하고 있다. 주로 3권을 반복해서 듣고 있다. 그렇지만 앞에서도 여러 번 밝혔지만 현장이 없는 공부는 별로 도움이 되지 않고 기억력도 많이 문제가 되어 어려운 점을 인지한다. 그래도 재미 있어서 그냥 듣고 따라 하는 즐거움을 느끼면서 기뻐하고 있다.

나의 중국어 공부는 우연히 시작되었지만 큰 소득이 있다고 생각한다. 새로운 것을 추구한다는 즐거움도 있고 쉬지 않고, 노력할 수 있는 시간과 기억력을 보전할 수 있다는 자긍심, 자부심도 있다. 현재까지 내가 걸어온 과정은 홀로 서는 것이었는데 지금까지 하나님께서 이렇게 생명을 연장해 주시니 이러한 기회도 갖게 되었다고 생각하면서 감사한다.

캄보디아 어/피어사 크마에 공부

나의 캄보디아 사역은 야심 차게 시작이 되었다. 그래서 먼저 캄보디아 형편을 알기 위하여 여행을 2년에 걸쳐 면밀히 살펴보게 되었다. 나는 가능성이 있고 좋은 나라이며 이웃 나라에 선교의 거점으로서 중요한 역할을 할 수 있다고 판단하였다. 그리고 많은 선교사들이 있지만 그 중에는 열심만 있고 실제 지도를 할 수 있는 데는 부족하거나 한계가 있음을 발견하고 희망이 있는 지도자들을 양성하여 기독교 선교의 미래를 설계할 계획을 세웠다. 그래서 장소를 물색하는 가운데 잘 되는 듯하였으나 협력은 약속 대로 지켜지지 않았고 결국 우리나라의 초기 외국 선교사들이 한 일을 보면서 결코 부동산은 구입하지 않는다는 생각을 굳히고 지도자를 양성하는 방법을 고려하였다.

그러나 나의 언어의 한계를 인식하고 현지 선교사들 가운데 유능한 사람들 즉 직접 언어를 구사하여 현지인들과 소통하는 사람들에게 신학 교육을 더 전문적으로 하여 지도하게 하는 방법을 택하였다. 그래서 나는 어려움 없이 현지에 있는 한국 선교사들을 접촉하게 되었고 소수의 3회에 걸친 교육선교를 시작하였다. 그것을 위해 한국 대학 가운데 캄보디아에 학위를 줄 수 있는 학교들을 접촉하였으나 한국의 교육 제도 상 외국에 분교를 세운다는 것은 불가능했다. 그래서 할 수 없이 미국의 학교들을 접촉하였으나 허용되지 않았다. 따라서 가능한 방법은 좀 자유스럽게 교육을 할 수 있는 주 인가를 받은 학교와 접촉을 시도하는 가운데 American University and Seminary의 허락을 받아 Cambodia Campus를 운영하게 되었다. 이 학교는 건전한 미국의 ARPC 교단의 목사 양성 학교로서 자유스럽게 캄보디아에서 선교할 수 있도록 허락을 받아 진행하였다. 그 교육을 근거로 목사 안수를 줄 수 있었고 한국의 한 장로교단에 목사로 인정을 받고 현지 선교를 하는 사람들이 일어나기도 하였다.

이러는 과정에서 나는 현지 언어를 알아야 하겠다는 생각을 갖게 되었고 Royal University of Phnompen IFL에 등록을 하였다. 거기서 언어 학습을 시작하기 전에 인터넷과 현지 선교사의 도움으로 1 단계 교육을 받기 시작하여 상당한 진전을 보였다. 그러나 더 높은 반으로 등록을 하지 않고 정식으로 기초를 쌓아야 하겠다는 생각을 가지고 가장 기초인 일 단계부터 시작하여 3 개월 과정에 들어갔다. 동시에 tutor 라는 병행 선생님들의 도움을 받아 마지막 4 단계까지 마무리를 하였다. 더운 날씨에도 불구하고 노력을 한 끝에 마지막 단계까지 마쳤다. 캄보디아어의 유일한 공식 교육과정인 IFL 과정을 마친 셈이다. 일 단계는 기본 과정이고 이 단계는 문장을 익히는 과정이고 삼 단계는 문법이고 사 단계는 문화를 알게 하는 단계이다. 이렇게 해서 공식 과정은 마쳤으나 현지에 장기 체류를 하지 않고 왔다 갔다 하면서 교육을 받았기 때문에 상당한 진전이 있었으나 소통을 자유롭게 하는 단계는 이루지 못했다. 사전을 찾아가면서 성경을 읽기는 했으나 만족스럽지 못했다. 그렇게 10년을 보낸 셈이다.

나는 이 때 공식 교육에서 제공되는 녹음 테이프가 너무 열악하여 알아듣기 힘들어 CD를 만들어 많은 사람들이 활용할 수 있게 해야 되겠다는 생각에 나를 도와주는 선교사 임 정희 목사를 만나게 되었다. 학생 때부터 아는 사이로 직접적으로 도와주었다. 임 선교사는 많은 지인들을 잘 알고 있어서 studio를 경영하는 그 분의 지인을 통해 CD를 제작했다. 당시 나는 캄보디아어를 잘 못하면서 코치를 하여 녹음을 지휘하여 완성하게 하였다. 지금까지도 그 CD를 공식 교육 과정에서 사용한다는 말을 들었다. 한국에 온 유학생 현지인을 고용하여 발음을 하게 하였고 기술진을 동원하여 CD를 완성한 셈이다.

나는 교과서의 저자에게 일단계를 배우면서 저자에게서 판권을 얻게 되었다. 그래서 일권을 출판하면서 외국인을 위한 캄보디아어 라는 명칭을 달았다. 제본도 잘 되었고 보기도 좋게 만들었다. 이 판권은 외국인뿐 만 아니라 자국에서의 판매 전권도 가졌지만 아직 한 번도 행사하지는 않고 있다. 왜냐하면 본래 목적이 모든 사람이 자유롭게 사용할 수 있게 하는 것이었기 때문이다. 다만 교과서를 복사하여 악용하는 것을 막을 목적으로 하기도 하였다.

언어 특히 외국어는 계속적으로 사용하지 않으면 다 사용할 수 없게 되는 것이 분명하다. 나도 선교를 마치고 현지를 완전히 떠나면서 캄보디아어는 내게서 완전히 사라지고 말았다. 그러나 내가 설교는 하지 못했지만 가끔 알아듣는 부분이 나오면 상당히 즐거웠다. 언젠가 캄보디아 노동자들에게 통역을 할 수 있는가 라는 질문을 받았을 때 죄송하게도 나는 할 수 없다는 대답을 하면서 현지에서 소통할 정도의 실력을 갖지 못한 것에 대해 죄책감까지 가졌다.

몇 년 후에 좋은 기회가 왔다. 세계에서 같은 번호로 통용되는 Strong 번호 작업을 하면서 캄보디아어 성경을 포함하게 되었다. 많이 잊었지만 처음부터 새롭게 시작하여 사전을 처음부터 뒤적이는 작업을 통해 신약성경의 Strong 번호 작업을 하였다. 후반부에 갈수록 많은 어휘가 복구되어 빠르게 작업을 할 수 있었다. 그리고 나는 Strong 번호 작업을 통해 질병을 얻게 되어 지금도 아쉬운 것은 구약성경의 작업을 직접 하지 못한 점이다. 꼭 필요하다고 생각되는 창세기 1~3장, 출애굽기 20 장, 신명기 5~6 장을 마치었다. 만일 이때 계속하였더라면 구약성경도 쉽게 할 수 있었을 텐데 하면서 후회하지만 이제 보니 불가능하다는 것을 느꼈다. 어휘가 도저히 생각이 안 나고 사전을 찾는 것도 쉽지 않고 능력도 많이 상실되어 포기하였다.

캄보디아어/피어사 크메에를 공부하면서 많은 재미를 보았지만 계속하지 않아서 지금은 전혀 모르는 정도에 이르렀다. 그렇지만 열심히 했던 것에 만족하고 또 더 이상 내가 활용할 기회가 없도록 늙어버려서 그대로 만족을 한다. 그렇지만 중국어는 한문을 알아서 인지 사전을 놓고 지금도 읽을 수 있어서 다행이고 인터넷 강의를 계속 들으니 연속성이 어느 정도 있어서 좋지만 언젠가 멀지 않아 모든 것을 중단해야 하는 신체적 결함을 맞게 될 것을 생각하면서 캄보디아어도 이것으로 만족한다. 다만 캄보디아 사람들이 특히 선교에 관심을 가진 사람들이 Strong 작업을 완성하여 많은 사람들이 원어에 연결하여 배우도록 했으면 좋겠다.

내가 대단히 감사한 것은 캄보디아어 신약성경의 구 번역 성경에 Strong 번호를 붙여 신사행 성경 인터넷 무료 판에 올렸으니 읽는 사람들이 한국어판 성경뿐 만 아니라 성경 원어 헬라어에까지 연결하여 읽을 수 있도록 한 일이다. 앞으로 많은 사람들이 캄보디아어로 성경을 읽거나 한국어 성경을 읽으면서 성경 원어와 캄보디아어까지 연결하여 발음까지 읽을 수 있으면 좋겠다. 여기까지는 신사행 성경 앱을 통해 제공되니 참고하면 좋겠다. 나는 당시 캄보디아어로 기도를 하니 참 기뻤다. 내가 캄보디아어로 설교를 하지 못한 것은 아직도 아쉬운 점으로 남아 있다.

히브리어 신약성경 읽기

나는 최근에 히브리어 신약성경에 대한 소식을 접하게 되었다. 우선 한국에서 출판이 되고 Naver에 광고가 떴다. 나는 한국어로 인쇄된 히브리어 신약성경을 광고를 통해 구입하였다. 편저자는 원문 히브리어에 Strong 번호를 붙여 출판하였다. 나는 읽으면서 나의 경험에 비추어 편저자가 정말로 많이 수고를 했다는 생각을 하고 감사했다. 그래서 나는 출판사에 전화를 걸어 앱을 개발하지 않겠느냐고 물었더니 안 하겠다는 대답을 들었다. 이 때부터 여러 가지로 노력한 과정에서 약 백 년 전에 Delitzsch가 헬라어에서 히브리어로 번역한 신약성경이 있었다. 또 그 신약성경은 인터넷으로 받아서 자유롭게 읽을 수 있었다.

Delitzsch판은 옛 히브리어로 되어 있지만 나에게는 더 익숙

한 글자였다. 자유롭게 읽을 수 있으니 내가 마음대로 작업을 할 수 있겠다는 생각을 하고 우리가 자유롭게 지금 사용하는 신사행 성경에 추가하기 위해 신사행 성경을 개발한 박 종오 대표에게 건의하여 작업할 수 있는 판을 받았다. 그래서 작업하는 중 Delitzsch 판은 읽기만 하고 변형시킬 수 없다는 것을 알게 되었다. 작업을 하는 중 내 컴퓨터가 방해를 받았다. 다른 것까지 엉망이 되었다. 처음에 나는 컴퓨터의 고장으로 알았으나 내가 해서는 안 되는 것임을 깨달았다. 즉 읽기만 하는 것이지 변경시킬 수 없다는 것을 알게 되었다. 그래서 포기하고 Word 회사에 피드백을 하였지만 아무 소식이 없다. 그래서 성경 절만 분해하여 옮기는 데도 방해를 받으면서 현재 포기하고 도움을 요청하였다. 성경 절만 입력하는 것은 의미가 없을 것 같다. Delitzsch 판을 받고 신사행 성경을 대조하면서 읽으면 되기 때문이다.

그러나 만일 내가 Delitzsch 판에 Strong 번호를 붙인다면 다른 성경과 연계하여 성경 원어까지 비교하여 보다 쉽게 읽을 수 있을 것 같지만 현재 상황으로서는 더 작업을 할 수 없어 포기한다. 너무나 아쉽다. 내가 염려했던 것은 죽기 전에 완성하는 문제이었다. 그러나 이제 마음이 편하다. 내가 최선을 다 했기 때문이다.

현대어 판은 이스라엘 성서 공회에서 출판하여 구입할 수 있을 것 같다. 이제 이스라엘 성서 공회에 문의하기로 한다.

[3]

장로회신학대학교 120 주년 기념 강연:

한국 사회와 교회 현실에 대한 심층적 진단 - 하나님 나라의 관점에서

들어가는 말

이 글의 목적은 하나님의 나라의 관점에 비추어 개인적인 생각을 정리하려는 것이다. 나의 능력으로는 한국 사회를 심층적으로 조사할 수 없어서 고심하다가 한국 사회에 대한 연구는 『트렌드 코리아 2022』를 비롯하여 본고에서 소개한 책들과 전문가들에게 의존하도록 하고, 나는 평소에 생각해 온 것을 기독교윤리학의 한 방법을 따라 하나님의 나라의 관점에서 정리해 보려고 결정했다. 내게 제시된 제목 가운데 하나님 나라의 관점이라는 말이 있는데 나는 "하나님 나라"보다는 "하나님의 나라"로 생각하였다. 한국어 성경에는 하나님 나라로 번역된 곳이 있는데 아주 소수다. 예를 들면 사도행전 1장 3절과 같은 곳이다. 대 부분이 하나님의 나라로 번역이 되었고, 헬라어 성경에서도 하나님의 나라가 나에게는 더 편안하게 이해할 수 있다. 그래야 하나님의 나라의 주인, 통치자, 권세를 가지시고, 세우신 분이 하나님으로 더 확실하게 알 수 있다고도 나는 개인적으로 생각해 보았다. 그러나 하나님 나라 라는 번역이 잘못되었다는 뜻은 전혀 아니다. 장로회신학대학교(장신대) 120주년이라는 뜻 깊은 해에 부족한 사람이 이 거창(巨創)한 제목으로 강연을 하게 됨을 감사하고, 영광으로 생각하며, 제 4차 산업혁명 시대에 하나의 기독교인의 입장과 할 일을 부족하지만 최선을 다 하려고 한다. 미리 전혀 생각할 수 없는 변화가 다가오는 시점에서 우리의 신앙을 확고히 하고 대응할 수 있는 방안을 많은 사람들, 특히 오늘 발표하는 전문가들과 이 강의를 시청하는 모든 분들과 함께 생각을 모으면, 기독교의 실천 역할(행위)도 기대할 수 있는 기틀을 마련하는 데 도움이 될 것으로 확신한다.

장신대는 개교 이래 명칭이 몇 번 바뀌었으나 그 정체성은 일관된 일치성을 가지고 있다고 나는 생각한다. 오늘 나는 1985년 처음으로 만들어진 신학성명을 다시 생각하게 되었다. 당시 상황은 이 성명서를 만들 수밖에 없었다고 생각한다. 내가 총회 교육부에 있다가 임기를 마치고 다시 장신대로 돌아올 때 교수 "퇴수회"에서 박 창환 학장님이 "해방신학 비판"과 "민중신학 비판"을 발표하라고 해서 발표한 내용이, 교수들이 발표할 장으로 마련된 학술지 『長神論壇』 창간호(1985)에 게재되었다. 그때 장신대의 신학 성명이 절실한 요청에 따라 만들어져 발표되었다는 것을 알았다. 나도 이 성명서를 따르게 됨을 기쁘게 생각한다. 그 후 여러 번에 걸쳐 논의된 정체성을 내가 보면서, 장신대는 앞으로 계속해서 건전하고 든든하게 설 것임이 분명하다고 믿는다. 그리고 나는 이번에 이 귀한 행사에 참여하면서 하나님의 나라의 관점으로 맡은 부분을 점검해 보려고 한다.

나는 이 강연의 제목을 생각하면서 내가 박사 과정을 미국 Emory 대학교 대학원에서 이수할 때 기독교윤리학 방법론 과목에서 배운 Walter Rauschenbusch를 생각하게 되었다. 그는 당시 자기의 경건주의 신앙 생활로는 사회에서 요구되는 상황을 감당하기 힘들게 느꼈다.[18] 그것은 그가 당시 사회를 위기 즉 사회적 위기(social crisis)로 느꼈기 때문이다. 그는 이 위기를 극복하기 위하여 하나님의 나라(왕국)를 이 땅에 실현해야 한다고 생각했다. 그래서 그는 사회적 질서를 기독교화해야 한다고 외치기도 하였고, 하나님의 나라를 실현하기 위한 여러 가지 노력도 하였다. 그러나 그는 인간의 죄 성을 이기심으로 파악하기는 했지만, 하나님의 나라를 인간이 이 땅에 실현할 수 있다는 생각을 접어야만 했다. 인간의 죄 성은 결국 그것을 불가능하게 하였음을 알아야 했다. 지금도 한국 교회의 위기를 외치는 사람들이 있다. 왜냐하면 교회가 세상 사람의 비판과 판단에 눈과 귀를 막고, 자기들끼리 종교행위를 변함없이 지속하는 위기를 맞고 있기 때문이라고 한다. 교회는 인간들 만의 조직이나 단체가 아니다. 교회는 궁극적으로 하나님이 운영하는 영적 집단이다. 물론 여러 종류의 사람들이, 심지어 선인과 악인, 의인과 죄인들이 모

18 맹용길, 『기독교윤리사상』(서울: 대한기독교출판사, 1986), 193-225쪽.

였다고 말한다. 그러나 결국 교회는 전능하신 하나님이 운영하시는 영적 집단임을 알 수 있다. 교회는 하나님의 나라를 선포하는 집단이며, 하나님을 경외하고 사랑하는 사람들이 모이도록 인도하는 집단이며, 예수 그리스도를 구주로 믿는 집단이며, 성령의 인도하심을 따라 사회 문화 속에 살아가는 집단이다. 그렇지 않을 때 교회는 하나님의 허락하심을 망각하게 된다. 그러므로 기독교인은 교회를 비판하고 판단할 것이 아니라, 삼위일체 하나님의 뜻을 사회 문화 속에서 따르는 지를 살피고 점검해야 한다. 나는 이러한 내용들을 인지하고 오늘의 주어진 과제를 반영/성찰하면서 강연을 진행하려고 한다.

하나님의 나라는 어떤 나라인가?

하나님의 나라는 우리가 구주로 믿는 예수 그리스도가 선포한 말씀의 핵심 키워드이다. 예수님은 공적 활동의 첫 번째 과제이며, 생애 전체를 통해 가르치고 선포하고자 하는 핵심 과제로서 하나님의 나라를 선포하셨다. "이르시 되 때가 찼고 하나님의 나라가 가까이 왔으니 회개하고 복음을 믿으라 하시니라"(막 1:15). 예수님은 고난을 받으시고 빌라도의 재판에 의해 죽으셨으나 "친히 살아 계심을 나타내사 사십 일 동안 그들에게 보이시며, 하나님(의) 나라의 일을 말씀하시니라"(행 1:3). 예수님이 말씀하신 때는 "카이로스"이며(막 1:15) 때가 찼다는 말은 내가 유

추해 볼 때 카이로스의 만난 시간 "호라"(요 17:1, 13:1, 7:30)로 이해되며, 하나님과 인간이 만나는 시점이라고 생각된다.

하나님의 나라는 "들어가는 나라"이다(요 3:3). 여기서 "들어간다"에서 전치사 "에이스"[19]는 내게 대단히 중요한 의미가 있다. 예수님이 니고데모에게 친히 하신 낱말은 아노센(anothen)이었다(요 3:3). 아노센은 몇 가지 의미가 있지만 본 원고를 고려하여 두 가지 의미 만을 생각하겠다. 하나는 "위로부터"(from above)이고, 다른 하나는 "다시"(again)이다.[20] 예수님은 "위로부터" 다시 말하면, "물과 성령"으로 난다는 의미로 즉 회개와 성령의 인도하심을 따른다는 의미로 말씀하신 것으로 보이나, 니고데모는 육체적으로 다시 난다는 의미로, 즉 중생(重生)으로 이해한 것으로 보인다. 여기서 예수님의 말씀의 요점은 위로부터 나서 즉 "물과 성령으로 나서" 하나님의 나라에 "들어가는" 것을 의미하는 것으로 나는 이해하였다.

하나님의 나라는 복음과 연결된다. 복음은 "온 백성에게 미칠 큰 기쁨의 소식"이다(눅 2:10). 이 소식은 "그리스도 주"이다(눅 2:11). 즉 예수다. 이 예수는 "자기 백성을 그들의 죄에서 구원할 자"이다(마 1:21). 이렇게 해서 복음은 예수 자신이며, 사람들을 죄에서 구원하는 소식임을 알 수 있다. 이 복음은 두 가지 조건이 있다. 하나는 회개하는 것이고, 다른 하나는 믿는 것이다.

---

19 Mounce, William D., Basics of Biblical Greek: Grammar(Grand Rapids: Zondervan, 2009), p. 61.

20 Frederick William Danker, The Concise Greek-English Lexicon of the New Testament(Chicago: University of Chicago Press, 2009), p. 38.

회개는 복음에 합당하도록 돌이키는 것이고, 믿는 것은 그것을 확언하고(아멘), 따르는 행동이 포함된다. 이 행동은 자기를 부인하고, 주님이 지신 십자가를 따라 행하는 것이다(막 8:34). 이것은 사람들을 섬기는 것이고(막 9:35, 10:45), 하나님의 구원하는 일에 참여하는 행동이다(눅 9:1-6). 왜냐하면 구주 예수님이 구원하려 오셨기 때문이다(눅 19:10).

하나님의 나라는 결국 "새 하늘과 새 땅"으로 이해된다. 하나님은 "알파와 오메가요" "처음과 마지막"이며, 하나님의 나라에 들어간 사람들은 하나님의 백성이 되고, 하나님은 친히 그들과 함께 계신다"(계 21:1-3). 이 사람들은 예수님의 본(本)을 따라 예수님의 제자임을 보이기 위해 서로 사랑한 사람들이다(요 13:15-17). 이 사람들은 위로부터 난 자들이며, 하나님이 인친 자들이다. 이 사람들은 예수님이 복음으로서 구주이심을 베드로처럼 고백하고(요 6:69) 베드로와 같이 예수님의 부르심에 곧 따른 자들이다.

그러면 하나님은 누구인가? 이 질문은 하나님의 나라를 말할 때에 이어지는 근본적이고 핵심적인 질문이다. 이 질문에 대답하는 학문이 신학이다. 즉 신학은 우리가 믿는 하나님을 알기 위하여 배우는 학문이다. 나는 지금까지 예수 그리스도를 구주로 믿는 교회들이 합의하여 믿는 신앙고백(사도신경)을 통해 하나님을 알아보기로 한다. 즉 신학을 하려고 한다. 하나님은 전능하셔서 하늘과 땅을 창조하시고, 아버지 되시는 분이시다. 이 분이 믿는 자들의 하나님이시고 아버지이시다. 이것은 예수님이 우리에게 확인해 주신 말씀이다(요 20:17). 하나님은 우리 구주 예수 그리스도를 아들이라고 말씀하셨고, 그는 빌라도에게 고난을 받으시고 십자가에 못 박혀 죽으셨고, 다시 살아나셔서 심판하려 오실 것이다. 예수 그리스도는 하나님의 아들로서 하나님과 동일한 본질을 가지셔서 일체가 되심을 우리는 안다(요 1:1, 10:30). 우리는 하나님의 영이신 성령을 믿는다(마 10:20, 12:28). 하나님 자신이 영이시다(요 4:24). 우리의 신앙 고백은 하나님의 영이신 성령을 믿는다고 고백한다. 그런데 이 성령은 하나님의 나라를 임하게 하신다(마 12:28, 엔 프뉴마티 세우, by the Spirit of God). 우리의 신앙 고백은 좀 더 구체적인 내용을 밝힌다. 즉 성령은 교회의 표지, 다시 말하면 거룩한 공회와 성도가 서로 교통(교제)하는 것과 죄를 사하여 주시는 것과 몸이 다시 사는 것과 영원히 사는 것을 믿도록 인도한다. 여기는 사도 신경 해설하는 곳이 아니기 때문에 생략하고 나는 이러한 성령을 믿는다고 고백한다. 이것을 정리하면 하나님은 믿음의 대상으로서 삼위일체임을 알 수 있다(요 1:1-3 참조). 이 하나님은 하나님의 나라의 주인이고 따라서 왕이고 통치자이다.

하나님의 나라는 어떤 나라이고 하나님의 나라에 들어가기 위하여 무엇을 해야 하는 나라인가? 하나님의 나라를 새 하늘과 새 땅이라고 말할 경우 그 내용은 명확하게 나타난다. 하나님의 나라의 주인인 하나님이 그를 믿고 들어온 사람들의 모든 눈물을 닦아주고 다시는 사망이 없고, 애통하는 일이 없고, 곡하는 일도 없게 한다. 하나님은 생명수 샘물을 목마른 자에게 값없이

준다. 하나님의 나라에 들어온 사람들은 하나님의 아들이 되어 상속을 받게 된다(계 21:4-6).

그런데 하나님의 나라에 들어올 수 없는 사람들이 있다. 즉 불의를 행하는 사람들은 하나님의 나라에 들어갈 수 없다. 고린도 전서 기자는 불의한 내용을 분명히 밝혀주고 있다. 즉 음행하는 자, 우상 숭배하는 자, 간음하는 자, 탐색하는 자, 남색 하는 자, 도적이나 탐욕을 부리는 자. 술 취하는 자, 모욕하는 자, 속여 빼앗는 자 등이다(고전 6:9-10, 엡 5:4-7). 간접적인 표현이기는 하지만 형제를 미워하는 자, 즉 사랑하지 않는 자는 하나님의 나라에 들어갈 수 없음을 알 수 있다. 왜냐하면 형제를 미워하면 영생을 얻지 못하고(요 1, 3:15-16), 따라서 하나님의 나라에 들어갈 수 없기 때문이다. 갈라디아서 기자는 하나님의 나라에 들어갈 수 없는 사람들을 육체의 일을 이루는 사람들이라고 밝힌다. 이들은 성령을 따라 행하지 않고 육체의 욕심을 이룬다. 그 육체의 일은 이렇게 정리되었다. "음행과 더러운 것과 호색과 우상 숭배와 주술과 원수 맺는 것과 분쟁과 시기와 분 냄과 당 짓는 것과 분열함과 이단과 투기와 술 취함과 방탕함과 또 그와 같은 것들이다"(갈 5:19-21).

그렇지만 하나님은 항상 문을 열어놓으신다. 다시 말하면, 주 예수 그리스도의 이름과 하나님의 성령 안에서 씻고, 거룩함과 의롭다 함을 받으면 된다(고전 6:11). 즉 성령의 인도하심을 따라 믿고 행하면 된다(갈 5:16-18). 하나님은 이렇게 길을 열어 주셔서 사람들이 하나님의 나라에 들어갈 수 있게 하신다. 이 근저에는 하나님의 사랑이 있기 때문이다. 본래 하나님의 사랑은 여러 가지 낱말로 표현되고 있지만 나는 여기서 Sandra Teplinsky의 해설을[21] 따라 하나님의 사랑의 의미를 살펴보기로 한다. 하나님의 사랑의 동사는 히브리어로 아하브이다. “아” 자는 히브리어에서 세 가지 의미가 있다고 한다. 즉 힘(strength), 희생(sacrifice), 종의 리더십(servant leadership)이다. “아” 자는 황소의 엄청난 힘, 제사를 드리는 제물, 그리고 인간에게 봉사하면서 이끄는 리더십 등으로 생각할 수 있을 것 같다. 다음으로 “하” 자는 열린 창문이라는 의미로서 하나님의 이름을 쓸 때 대신 사용한 문자이다. 이것은 두 팔을 벌리는 것을 연상시킨다. 즉 탕자의 아버지가 두 팔을 벌리고 방탕한 아들이 돌아올 것을 알고 기다리는 아버지의 사랑을 볼 수 있게 한다. “브” 자는 집 또는 가족(family)을 의미한다. 그리고 언약적, 애정의 관계를 의미한다. 아버지가 받아들이고 식구 즉 아들로 여기는 내용이다. 나는 이 해석을 따라 하나님의 사랑을 이해하였으며, 신약성경에서 보여주는 예수 그리스도, 하나님의 아들의 사랑을 아가페/아가파오 라고 하는데, 아가페/아가파오를 아하바/아하브의 의미로 이해한다. 그리고 헬라어로 기록된 성경을 히브리어로 번역한 성경을 보니까 아가페를 아하브(아하바)라는 단어로 번역하였다. 물론 아하브는 아가페의 동사 “아가파오”를 번역한 것이다. 여기서 전능하신 하나님은 아버지로서 가족을 사랑하시고, 우리가 다른 사

---

21 Teplinsky, Sandra, Why Care about Israel?(Grand Rapids: Chosen Books, 2004), p. 63.

람을 대하는 방식을 확실하게 보여주셨다고 나는 생각한다.

하나님의 나라에 들어가기 위하여 무엇을 해야 하는가? 인간이 자기 힘으로 할 일은 전혀 없다. 하나님의 성령을 따라 "씻고," "의롭다" 함을 받아야 한다. 이 성령이 인간에게 힘을 실어주어(empower), 제한된 범위이기는 하지만 하나님의 성령을 믿고, 하나님의 나라에 들어갈 수 있는 행동을 할 수 있게 한다. 이것은 인간의 자유 의지의 한계성을 나타낸다. 이것은 하나님의 전능하심에 대비되는 표현이다. 물론 타락한 이후에도 제한된 범위에서 판단할 수 있는 자유의지가 있다. 즉 악한 자라도 자식에게 좋은 것으로 줄줄 알고, 남에게 대접을 받고자 하는 대로 남을 대접하라는 말씀도 있다(마 7:11-12). 어느 정도 할 수 있다는 의미이다. 또 빛을 사람에게 비추는 행실을 하여 하나님 아버지께 영광을 돌리라는 말씀도 있다(마 5:16). 성경은 명령으로 하는 말씀이 많이 있는데, 특히 계명이 그렇다. 그것은 자유의지가 제한되어 있기는 하지만 자유의지로 명령을 따를 수 있음을 전제로 한다.

구약성경에서 예언한 하나님의 예언은 예수 그리스도를 통해 확실하게 진행되고 있음을 보여주었다. 하나님이 예수 그리스도를 세상에 나게 하시면서 하나님의 나라를 가시화하게 하셨다. 이 사건이 임마누엘 사건이다. 즉 하나님이 우리와 함께 하시는 사건이다(마 1:23). 이것은 하나님께서 육신이 되심으로 확인해 주셨다(요 1:14). 하나님께서 그의 아들 예수 그리스도를 통해 하나님의 나라를 선포하셨다(막 1:15). 하나님의 나라는 믿는 자에게 구원을 주시고, 하나님의 자녀가 되는 권세까지 주신다(요 1:12). 완전한 하나님의 나라가 임할 때에는 심판(마 16:27)이 있겠지만 믿는 자에게는 생명으로 옮겨진다(요 5:24).

하나님의 나라에 관하여 믿는 자들은 회개하고 가르치고 선포하고 무엇보다 하나님께서 보여주신 것처럼 하나님의 영의 인도하심을 힘입어 하나님의 나라에로 인도하는 일을 해야 한다. 이것은 포괄적으로 말하면 나에게는 목회(牧會)/목자의 일이다. 하나님의 나라의 주인이시고 왕이시고 통치자이신 하나님은 이렇게 하심으로 믿는 자로 하여금 삼중지식을 갖게 한다(triplex cognitio Dei creatoris, redemptoris, et pastoris). 하나님은 세상과 사람을 창조하시고 인간이 타락하였으나 하나님이 구원하시고, 아들의 부활을 통해 새로운 희망을 주시고, 계시를 통해 하나님의 나라를 볼 수 있게 하셨다. 그래서 믿음으로 말미암아 하나님의 자녀가 된 인간은(요 1:12) 하나님에 대해 성결하게 하고 가르치고 전파하며 착한 행실을 하여야 한다(눅 10:25-37). 나는 위에서 말한 인간을 헬라어 낱말로 7 A(7 As) 즉 하마르톨로스, 아포뤼트로시스, 아나스타시스, 아포칼륍시스, 하기아조, 아낭겔로-아팡겔로, 아가소포이에오 라고 부른다. 그래서 우리 인간은 피조물로서 하나님의 삼중 지식을 따라 감사하며 먼저 구할 것은 하나님의 나라이다(마 6:33). 그래서 우리는 하나님의 나라의 의(義)를 구해야 한다(마 6:33). 이 의(義) 때문에 박해를 받을 수 있다(마 5:10). 그래도 믿는 자는 하나님의 나라를 위하여 심령을 항상 가난하게 해야 한다(마 5:3). 그리고 의를 위하여 박해를 받아야 한다(마 5:10).

한국 기독교(회)는 존재하는 한국 사회에 어떻게 응답해 왔는가?

한국에 기독교가 들어오기 이전에는 나는 “암흑시대”이었다고(요 1:5 참조) 생각한다. 왜냐하면 하나님의 나라의 측면에서 보면, 하나님의 나라에 들어갈 수 없는 상황이었기 때문이다(내 개인적인 생각). 이런 생각은 다른 종교들을 고려한 것이 아니고, 오직 하나님을 믿는 사람으로서 하나님의 나라의 측면에서 개인적으로 고려해 본 것이기 때문에 이러한 관찰을 한 것이니 양해해 주기 바란다. 개신교/기독교/프로테스탄트 교회가 한국에 들어와 얼마 안 돼서 일제 강점기가 시작되었다. 이 때부터 기독교의 역할은 크게 나타났다.

한국 기독교는 민족정신의 방향정의(orientation)를 위해 힘썼다. 정신은 물질을 끌고 가는 힘(potestas)이다. 이것은 역사 속에 의미를 주는 것이다. 한국 기독교는 하나님의 나라를 위해 예수 그리스도의 고난을 생각하며, 한국 사회의 고난에 동참하고, 예수 그리스도의 희망을 한국 사회에 주어 한국 민족의 미래를 향한 삶의 방향을 정위하였다(oriented). 함석헌 옹은 36년간 민족정신을 주로 버티어 온 것이 기독교인이라고 평가하고 있다.[22] 나는 기독교의 통합적(統合的) 조망에서 민족의 정신(正信), 정사(正思), 정행(正行)으로 정위하였다고 요약했다.[23] 이것이 나의 “통

22 함석헌, 『전집 3』(서울: 한길사, 1984), 9.

23 맹 용길, 『통합신학을 향하여』, 45쪽.

합신학"의 핵심이며 출현 이유이다.

한국 기독교는 한국의 민족 역사에서 민족정신 형성(gestalten)을 위해 힘썼다. 역사란 정신 형성의 현장이다. 그러므로 역사 자체가 정신형성의 형태(Gestaltung)이다.[24] 한국 기독교는 한국 역사에서 한국 민족의 정신을 형성하는 데 크게 기여하였다. 서굉일 교수는 기독교에 대해 이렇게 평가한다. "기독교는 전통사회에서 근대사회로 전환되는 시점에서 그 변혁의 주체가 되어 중세적인 봉건사회가 지난 여러 모순들을 극복하는 반봉건운동을 그 과제로 삼았고, 근대사가 식민지 시대로 전락하자 침략 세력에 맞서 식민지적 체제의 제 모순을 거부하는 항일 민족 운동을 과제로 삼았다……"[25] 특히 한국 기독교는 삼일운동에 적극적으로 참여하였고, 예를 들어, 105인 사건과 사립학교 규칙제정 등에도 맞서 싸웠다.[26]

1980년 대에 들어서면서 한국 기독교는 특별히 북한 공산당의 주체 사상에 맞서 싸워야 했다. 여기서 한국 기독교는 하나님의 나라의 관점에서 보면 갈등의 시절이었으며, 주체 사상(당과 수령 사상)과 맞서 싸우는 가운데서도 소극적이고, 분열을 한 상태였다. 예를 들면 한 편은 박 형룡의 텍스트 중심의 규범 신학적인 태도와 다른 한 편은 김 재준의 역사 참여 중심의 맥락 신학적인 태도로 구별할 수 있다(유 동식 교수는 감리교의 문화신학을 추

24 Bonhoeffer, Dietrich, Ethics(Minneapolis: Fortress Press, 2005), PP. 76-102.

25 『기독교사상』 309호(1984, 3): 158쪽.

26 맹 용길, 『통합신학을 향하여』, 55쪽 이하.

가하여 세 집단으로 보기도 했다). 두 방향은 텍스트의 해석에서 비롯된 갈등과 분열이었지만, 한국 기독교에 실질적인 영향을 미쳤다.[27] 여기서 나는 새롭게 대안으로서 하나님이 우선이라는 의미에서 삼위일체 하나님이 주어가 되고, 목적인 하나님의 나라를 제창하였다.

이 때 George Orwell 풍의 전체주의를 반대하는 풍조가 일어났다.[28] 그리고 새로운 말들이 등장하였다. "전쟁은 평화이고, 자유는 굴종이고, 무지는 힘이다." 또 "Big Brother"의 감시이었다. 이것은 결코 용납될 수 없는 것들이었다. 또 이 때 새로운 물결이 일어났다. 『미래의 충격』(future shock)의 저자 Alvin Toffler가 『The Third Wave』[29] 즉 제 3의 물결을 내놓았다. 이것은 당시의 코드를 파괴하는 것을 보였다. 당시 핵심 코드들은 6개였다. 즉 표준화, 전문화, 동시화, 거대화, 집중화, 중앙 집권화이었다. Toffler는 새로운 규칙을 제시하였다. Decoding/디코딩이었다. 특히 미래를 새롭게 조직하는 일이 요구되었다(shift).

그 이후 미래를 예측하는 풍조가 일어났다. 예를 들면 John Naisbitt과 Patricia Aburdene이 쓴 『Megatrends 2000』[30]이다 이 책은 1990년 대를 향하여 새로운 방향을 제시하는 책이었다. 나

---

27 맹 용길, 위의 책, 제 2장 참조.

28 Orwell, George, 1984, (New York: The New American Library, 1949).

29 Toffler, Alvin, The Third Wave, (New York: William Morrow and Company, Inc., 1980), pp. 39-53.

30 Naisbitt, John and Patricia Aburdene, Megatrends 2000: Ten New Directions for the 1990's, (New York: Avon Books, 1990).

는 여기서 두 가지에 깊은 관심을 가졌다. 하나는 태평양 연안국가의 부상이고, 다른 하나는 종교의 부흥이다. 이 때 한국에 알려진 신학으로는 Choan-Seng Song의 『Third-Eye Theology』[31]이다. 저자는 아시아의 빈곤과 부정의와 착취 현상을 보면서 서양 신학의 로고스(logos)에서 사상의 내적 사상과 외적 표현을 말로 이해하면서 커뮤니케이션을 중요시하였다. 그는 현실에 대해 아시아적 접근을 시도하였다. 그는 결국 성경의 핵심인 사랑으로 접근하면서 하나님의 고통과 사랑에 집중한다. 장신대도 이 때 신학에 대한 반영/성찰과 행위가 여러 가지로 일어났다.

1990년대에 들어서면서 한국 기독교에는 오리지날(original) 즉 창의적인 발상이 강하게 요구되었다. 이것은 우리나라 전체에서 먼저 일어났다. 그동안 모든 방향에서 "수입적" 사고나 복사/복제를 일상으로 선호하고 알고, 아무 의식이 없이 계속하는 경우가 많았다. 표절도 많이 있었다. 지적 소유권에 대한 문제도 있었다. 그러나 1990년 대부터는 새로운 국제적 요구와 우리도 이렇게 해서는 안 되겠다는 생각을 하게 되었다. 그래서 creative, creativity, originality 같은 요구가 강하게 표출되었다. 컴퓨터가 개별적으로 사용되고, 이메일 주소가 추가되고, 급변하는 digital 상황이 전개되었다. 정말로 "빨리 빨리"가 한국에서 효력을 발휘하기 시작했다. 많은 교회가 여기에 맞추어 따라가려고 하는 작업이 시작되었다.

---

31 Song, Choan-Seng, Third-Eye Theology: Theology in Formation in Asian Settings, (New York: Orbis Books, 1979).

나 개인적으로는 결국 “통합신학”(integrative theology/ theology of togetherness)을 이어서 2000년 대에는 “땅의 신학”(theology of shalom/ theological ethics of SHALOM)을 제창하게 되었다.[32] 땅을 통해 organic과 balanced의 의미를 알게 되었고 결과적으로 하나님 중심의 의미를 다시 찾게 되었다. 따라서 하나님은 삼중지식을 통해 이해해야 되었다. 그리고 샬롬을 통해 5Cs와 TTDL의 개념을 추진하려고 제안했고 공동/공적/공공/공통/공유의 현상에 대해 깊은 이해를 하게 되었다. 그리고 SHALOM은 나의 새로운 윤리 즉 theological ethics of SHALOM을 이루게 했다.

지금은 소위 5G 시대라고 한다. 6G를 준비하고 있다는 말도 들린다. 동시에 4차 산업시대라는 말이 확실하게 들리고 있다. 산업화는 농업혁명이 일어난 후 일어난 산업을 의미하는데, 그때부터 4차에 이르렀다는 의미라고 한다. 1760-1840년이 1차 산업시기, 19세기 말-20세기 초까지 2차 산업시기, 1960-1990년이 3차 산업 시기, 21세기 출현-현재 4차 산업시기로 이해되고 있다.[33] 1960년 대에 반도체와 메인프레임 컴퓨팅(mainframe computing), 1970년 대와 1980년 대에 PC(personal computing), 1990년 대에 인터넷의 발달로 인한 산업혁명이 일어났는데, 이를 컴퓨터 혁명 또는 디지털 혁명이라고 말하기도

32 맹용길, 『통합신학을 향하여』, 제 3장 3 참조.

33 Schwab, Klaus, *The Fourth Industrial Revolution,* 송경진, 『제 4차 산업혁명』, (서울: 메가스터디Books, 2016), 25쪽.

한다.[34] 이 시기는 내가 World Future Society를 개인적인 막대한 경비를 들여 열심히 참여하면서 실감한 내용들이기도 하다. 21세기의 출현과 함께 시작되었다는 산업혁명은 제 4차 산업혁명이라고 부른다. 그 특징은 Ubiquitous and Mobile Internet, 더 작고 강력해진 센서, 인공지능과 기계학습으로 들고 있다.[35]

제 4차 산업은 새로 출현하는 신 기술과 광범위한 혁신이 더욱 빠르고 폭넓게 확산 중이며, 엄청난 영향력을 행사할 것으로 예측된다. 대표적인 키워드는 융합/통합이다. 따라서 이것은 역사적으로도 큰 의미를 가질 것이다. 그러나 제 4차 산업을 더 효과 있고 응집력 있게 실현하는 것을 가로막는 현상을 우려하는 것도 있다고 한다. 하나는 제 4차 산업혁명에 대응하기 위해 정치, 경제, 사회 체제를 재고해 볼 필요성이 있는데, 전 분야에 걸쳐 요구되는 리더십의 수준과 현재 진행 중에 있는 변화에 대한 이해력이 현저이 낮다는 것이고, 다른 하나는 제 4차 산업이 제공할 기회와 도전의 기틀을 형성하고 일관성 있는 긍정적이고 보편적인 담론(어떤 주제에 대해 체계적으로 논의를 함, 고려대학교 전자사전)이 부족하다는 것이다.[36] 이것은 일종의 조언을 넘어 경고성 의미로도 들린다. 각 분야 중 한국 기독교도 영향을 받고 있는데, 잘 대처할 리더십이 있는가?[37] 그리고 그것을 준비하는 위

34 위의 책.

35 위의 책.

36 위의 책, 27-28쪽.

37 Barack Obama, *A Promised Land,* 노승영, 『약속의 땅』 (서울: ㈜ 웅진 씽크빅, 2021); 조민석 외 4 인, 『목사란 무엇인가』 (대전: 도서출판 대장간, 2015).

원회와 같은 것을 구성하고 담론을 만들고 있는가? 장신대는 그 것을 기회와 도전으로 삼고 대응할 다양한 복합적 리더십을 마련하고, 담론을 형성하는가? 최근 일부에서 좋은 반응을 보이고 있음은 자랑스럽지만, 각 분야에 많은 리더십과 준비와 담론 형성이 절대적으로 필요하다고 생각한다. 새로운 시대가 열리고 있는데, 우리도 그 중에 하나일 것인가? 아니면 정신세계와 함께 더불어 살려는(teleios, 마 5:43-48) 의지 즉 더불어(together) 함께(with), 같이(like, as) 살 준비를 하고 있는가? 나는 다음 장에서 제 4차 산업 혁명을 개인적으로 따라가지는 못하고 있으나 미래에 대한 관심을 많이 가지고, World Future Society에 참석하고 장신대에서 미래학을 강의한 사람으로서 현재도 미래에 대해 관심을 가지고 있기 때문에 가장 직접적으로 몸에 와 닫는 네 책을 구입하여 읽고 소개하고자 한다.

박영숙, Glenn, Jerome, 『세계미래보고서 2021: 포스트 코로나 특별 판』(서울: 비즈니스북스, 2016).

박영숙, Glenn, Jerome, 『세계 미래 보고서 2035-2055』(서울: 교보문고, 2021).

Schwab, Klaus, *The Fourth Industrial Revolution,* 송경진, 『제 4차 산업혁명』(서울: 메가스터디Books, 2016).

김난도 외 9인, 『트렌드 코리아 2022』(서울: 미래의 창, 2021).

왜, 무엇을, 어떻게 할 것인가?

준비사항:

믿음의 기도가 필요하다. "하나님의 나라가 임하게 하옵소서." "나도 하나님의 나라에 들어갈 수 있게 하옵소서."

시대를 인도하여 살아갈 리더십 양성과 변화에 맞는 담론 형성과 지도에 도움이 되게 노력한다.

> **왜? 방향 설정. Reset, resetting이 필요하다. 그렇지만 옛 것과 새것을 잘 활용이 필요하다(마 13:52).**

신자의 최종 목표는 하나님의 나라에 들어가는 것이다. 그래서 신자는 주님의 기도를 따라 기도할 때마다 "나라(하나님의 나라)가 임하게 하옵소서" 라고 기도한다. 동시에 기도하면서 하나님의 나라에 들어 갈 수 있고, 들어가기를 믿고 희망한다. 그래서 하나님의 말씀에서 하나님의 나라에 들어갈 수 없는 조항들을 보면서 기도하고 그 조항들에 들어가지 않기를 바라고 잘못의 용서를 구하면서 기도한다. 물론 우리 힘으로 어렵기 때문에, 하나님의 은혜(선하고 인자하신, 시 23:6)와 성령의 인도하심을 간구한다.

하나님의 나라는 우리의 희망/소망이다. 우리의 "근본 가치" 가운데 하나이다. 거기에 진정한 자유가 있고 정의가 있고 평화가 있다. 믿음과 사랑과 희망이 있다. 임마누엘이 있다. 샬롬이 있다. 이 가치들은 우리의 행동의 방향과 질과 내용을 따르는 데 중요한 역할을 한다. 이러한 확실한 목표가 없다면 우리는 무엇을 할 것이며, 무엇을 하여야 할 것인가?[38] 이것은 물론 전통적으로 전해오는 목적론 윤리와 의무론 윤리로 해결할 수 없다. 그렇다고 그 대안으로 제시된 책임 윤리(Richard Niebuhr)도 그것을 완전하게 해결할 수 없다. 물론 기독교의 입장에서 조정할 수 있고 조정하려고 하는 노력을 하지만 내 개인적 의견으로는 이 이론들 모두가 인간학적 노력이 너무 강한 것 같다. 물론 나는 하나님께 전적으로 의존하여, 나는 아무것도 하지 않는 구조를 만들려고 하지는 않는다. 하나님의 은혜가 없이는 시작이 불가능하지만, 하나님은 하나님의 은혜로 인간이 한계 안에서도 행동할 수 있는 자유와 자유의지를 주셔서 감당할 수 있게 하셨다. 물론 우리의 의지가 노예 의지로 바뀌어 항상 죄인인 동시에 의롭다 함을 인정받아야 한다는 역설을 말하기도 하지만, 나는 어린 아이 같이 주님의 은혜를 받기를 기도하면서, 허락하시는 범위 안에서 그때 그때 행하려고 한다. 그것이 얼마나 어려운지는 최근에도 경험하였다. 왜냐하면 자꾸만 내 생각이 앞서고 움직이려고 하기 때문이었다. 그러나 결국은 하나님의 계획 대로 움직이고, 그대로 이뤄졌음을 경험한다. 먼저 손들고 주님께 나가며, 곧 이어서 허락하시는 대로 최선을 다 하는 것이 우리가 할

---

38 Gogarten, Friedrich, Despair and Hope For Our Time, 맹용길, 『우리시대의 절망과 희망』 (서울: 알맹이 e, 인쇄 중); Barth, Karl, *The Christian Life* (London: T&T International, 2004).

일이다. 이것이 내가 왜?에 대답하는 행동이다.

여기서 중요한 것은 믿음이다. 본 보기로 베드로를 보자. 베드로는 항상 믿음이 앞서 있었다. 많은 제자들이 떠나갈 때 주님은 열 두 제자들(사도들)에게 질문하였다. "너희도 가려느냐"(요 6:67). 그 때 베드로는 확실하게 대답하였다. "주여, 영생(하나님의 나라)의 말씀이 주께 있아오니 우리가 누구에게로 가오리까 우리가 주는 하나님의 거룩하신 자이신 줄 믿고 알았사옵니다"(요 6:68-69). 베드로는 인간의 생각이 앞선 경우도 있었다. 왜를 보여주는 장면에서 인간의 생각을 표현하기도 한 적이 있다. 주님이 제자들의 발을 씻으시면서 베드로의 발을 씻으려고 하실 때 베드로는 이렇게 말했다. "내 발을 절대로 씻지 못하시리이다"(요 13:8). 예수님의 대답은 분명하였다. "내가 너를 씻어 주지 아니하면 네가 나와 상관이 없느니라"(요 13:8). 또 베드로는 예수님을 향하여 "주는 그리스도시요 살아 계신 하나님의 아들이시니이다(마 16:16) 라고 고백하였지만, 예수님이 고난을 받고 죽은 자들 가운데서 살아나리라고 말씀하였을 때 베드로는 예수님을 붙들고 항변하였다. "주여 그리 마옵소서 이 일이 결코 주께 미치지 아니 하리이다"(마 16:22). 또 예수님이 십자가에 돌아가시게 되기 바로 전에 죽을지라도 주님에게 목숨까지 내 놓겠다고 했지만 세 번씩이나 예수님을 모른다고 부인하였다. 그러나 예수님은 그를 믿어 주셨고 중요한 일을 맡겨 주셨다(요 21:15-17). 이때 베드로는 주님의 소명과 사명을 받았다. 그것을 잘 이행한 것은 후대의 전설로 잘 알려지고 있다. 중요한 것은 베드로가 왜? 라는 대답을 실제로 잘 하고 있다. 베드로 전후서의 기자는 그것을 잘 보여주고 있다. 베드로는 믿음을 먼저 가지고 행동을 하는 것으로 왜?에 대답하고 있다.

"그러므로 너희가 더욱 힘써 너희 믿음에 덕을, 덕에 지식을, 지식에 절제를, 절제에 인내를, 인내에 경건을, 경건에 형제 우애를, 형제 우애에 사랑을 더하라. 이런 것이 너희에게 있어 흡족한 즉 너희로 우리 주 예수 그리스도를 알기에 게으르지 않고 열매 없는 자가 되지 않게 하려니와…… 그러므로 형제들아 더욱 힘써 너희 부르심과 택하심을 굳게 하라……. 이같이 하면 우리 주 곧 구주 예수 그리스도의 영원한 나라(하나님의 나라)에 들어 감을 넉넉히 너희에게 주시리라"(벧후 1:5-11). 이 말은 하나님을 신뢰하고/믿고 신뢰를 얻는 길이다(faithful). 나의 경우는 정신(正信)의 단계이다.

무엇을. 질(質). 개인과 공동/공공의 정의 실현. 즉 하나님의 나라와 그 의(義)의 추구

여기서는 믿음에 지식을 더 하는 일이다. 나의 경우는 정신(正信)에서 정사(正思)의 단계와 연결한다. 즉 믿음을 지식의 단계로 연결하는 것이다. 즉 믿음을 신학화 하는 단계이다. 이 단계는 사랑의 덕목(근본 가치의 하나)을 신학적으로 표현하는 단계이다. 기초/토대(foundational)를 세우는 단계이다. 가치관에 입각하여 보면 사랑을 정의로 구체적인 표현을 하는 단계이다. 예를 들어 마태복음 20 장 1-16 절을 보자. 계약을 통해 일터로 나간 사람들은 사회 정의에 입각한 것이다. 그들은 능력이 일 시키는 데 맞아서 계약을 하고 일터로 보냈고, 당시 타당한(정의로운) 일일 삯을 주었다. 그들은 능력도 있고 일할 자리도 주어졌다. 약속으로 인하여 아무 불만을 할 수 없는데도 불구하고 상대적으로 다른 사람과 비교하여 불평을 말하였다. 그러나 당시 사회정의는 그들의 불평을 잠재울 수 있었다. 그리고 그 다음에 일터에 들어가 일한 사람들에 대한 주인의 행동이다. 계약한 사람들에 비하면 일을 덜 했고 맨 마지막에 일터에 들어가 일한 사람들은 시간적으로 턱없이 적게 일했다. 그러나 그들에 대한 보수는 모두 같았다. 왜? 이것이 하나님의 사랑의 표현이었다. 이것은 주인의 목회(인도하심)의 한 면을 보여주었다.

여기서 균등한 대우는 보편적 복지도 아니고, 선택적 복지도 아니다. 물론 보는 사람의 시각에 따라 달리 이해할 수도 있겠지만 이것은 철저하게 신학적인 문제이지, 사회복지학적인 문제가 아니다. 신학적으로 보면 하나님의 사랑을 표현하는 방법으로서, 사랑과 정의가 만나는 신학이다(근본 가치). 이것은 기독교 윤리학의 이해가 필요하다. 여기서부터 우리는 하나님을 신학적으로 이해해야 한다. 즉 "무엇을"에 대한 대답으로 이해해야 한다. 믿음에 지식을 더하는 과정이다. 나는 여기서 하나님에 대한 삼중지식을 다시 생각한다. 위에서 본 대로 하나님은 창조주 하나님이시다. 하나님은 창조주이시고, 인간은 피조물이다. 그 간격은 인간이 좁힐 수 있는 것이 아니다. 비유적으로 하늘과 땅의 차이 즉 영원한 질적 차이(쇠얀 키에르케고어)이기 때문이다. 그렇지만 하나님은 친히 이 간격을 아버지 되심으로 인하여 좁혀 주셨다. 하나님은 직접 사람이 되셔서(임마누엘과 성육신) 그 간격을 확실하게 좁혀 주셨다. 말씀이 육신이 되셨다(요 1:14). 이 말씀은 하나님이시고, 모든 만물을 창조하셨다(요 1:1-3). 우리는 여기서 말씀(the Word, 로고스)과 말씀들(words, 로고이)을 생각한다. 로고스는 하나님이시고, 로고이는 하나님의 말씀들이다. 이 말씀들은 신학적으로 보면 문화의 의미와 형성을 보여준다.로고스는 운동력 즉 모멘툼(momentum)이고, 로고이는 동기부여(motivation)이고, 운동함(movements)이다. 하나님은 모멘툼이고, 예수 그리스도는 그의 아들로서 동기부여와 운동함이다. 이에 성령은 동기부여(motivation)와 운동함이다. 나는 이것을 3M이라고 부른다. 여기서 나는 믿음, 사랑, 희망을 찾았고, 정신(正信), 정사(正思), 정행(正行)을 찾았다. 나는 이것을 신사행(信思行)이라고 요약해서 부르기도 한다. 여기에 따른 앱(app)도 만들도록 했고, 또 성구사전을 만들게 하였다. 여기서 나는 완전하지 않지만 추가로 "제 4의 윤리"로 나간다. 즉 의무론적 윤리, 목적론적 윤리, 책임 윤리를 넘어서 함께 더불어 사는(텔레이오스/샬롬) 윤리를 하려고 노력한다.

어떻게 할 것인가? 내용. 실행. SHALOM의 윤리. 십계명, 주기도, 덕목들.

나는 2000 년대에 들어서면서 내 아내가 농사하는 일을 돕게 되었다. 땅을 보고 돌을 치우면서 땅의 생태를 조금 알게 되었고, 농사를 하기 위해서 땅을 어떻게 다루어야 한다는 것을 배우고, 조금씩 알아가게 되었다. 그리고 유기농 식품을 선호하는 사람들의 말을 들으면서 유기농이란 무엇인가? 를 실제로 묻고 유기농을 하는 것을 돕기로 결심하고 실제로 도왔다. 우선 그 개념부터 보니 그렇게 쉬운 일이 아니었다. 무농약, 저 농약, 퇴비 사용 등 대단히 어려운 작업이 필요하였고, 그 개념도 쉽게 적응하기 힘들었다. 그러나 실제로 노력하는 가운데, 중요한 두 가지 개념을 알게 되었다. 하나는 유기적/올가닉(organic)?[39]이라는 개념이고, 다른 하나는 균형적/바란스(balanced) 라는 개념이었다. 이 두 개념을 통해서 통합신학의 결론으로 땅의 신학/땅에서 배운 윤리를 생각하게 되었다.

organic이라는 말을 더 깊게 생각해 보기로 하자. 이 말은 특히 음식물에 붙여서 나는 자연적(natural) 이라는 의미로 사용하였다. 그래서 내가 보기에는 결국 사람들이 자연으로 돌아가고 싶어하는 것이고, 이 자연은 하나님이 창조하신 맨 처음 상태를 의미한다. 음식물은 창세기 1장 29-30절의 기록을 다시 기억하

39 사전적으로 보면 organic이라는 말이 "조직적인, 통합(일원화)된" 이라는 뜻도 있다. 『동아 영어전자 사전』.

게 한다. "하나님이 이르시되 내가 온 지면의 씨 맺는 모든 채소와 씨 가진 열매 맺는 모든 나무를 너희에게 주노니 너희의 먹을거리가 되리라. 또 땅의 모든 짐승과 하늘의 모든 새와 생명이 있어 땅에 기는 모든 것에게는 내가 모든 푸른 풀을 먹을거리로 주노라 하시니 그대로 되니라."

그동안 인간이 타락하여 음식까지 타락의 상태에 따르도록 만들었다. 입맛을 바꾸고 생각을 바꾸고 많은 건강의 문제를 일으키고 많은 피해를 일으키고 있는 것을 알게 되면서, 유기농/올가닉이라는 것을 제창하게 되었는데, 결국 하나님께서 주신 식물을 주장하고 유기농이라고 말하게 되었다. 그래서 나는 organic은 유기농 즉 자연으로 돌아가는 작업이라고 생각하였다. 따라서 organic을 가장 먼저 자연적(natural)으로 생각하였다. 다음으로 농사를 하면서 땅을 만들려고 보니까 땅은 가장 기본적이고 organic에 대한 기본 요소이었다. 땅이 없으면 어떤 농사도 할 수 없다. 물론 수경재배라는 방법도 있지만 그것은 차선책이고 기본은 땅이다. 그러나 땅이 오염되어 있으면 농사하기 힘들고, 결국 organic이 될 수 없게 된다. 땅이 오염되었을 때에 그것을 자연 상태로 회복하는 일은 대단히 어렵고 불가능할 수도 있다. 땅을 기본으로 해서 다음은 햇빛과 물이 필요하다. 햇빛과 물이 없으면 농사를 할 수 없다. 햇빛이 잘 비치면 더욱 좋다. 또 물은 좋은 물이어야 한다. 예수님은 땅에 대해서 말씀하셨다. 좋은 땅을 선호하셨다. 길 가의 땅, 돌 밭 땅, 가시 밭의 땅 등은 농사에 적합하지 않을 수 있다. 그러면 좋은 땅은 어떤 땅일까?

좋은 땅은 농사하기에 알맞은 땅이다. 본래 하나님께서 주신 땅이다. 자연적 땅이다. 그런데 그 땅이 여러 가지로 연계되어 있음을 발견하였다. 우선 본래 좋은 땅이라도 오래 동안 사용하지 않고 두면 결국 사용하기 힘든 땅이 된다. 그래서 땅은 계속 사용하고 가꾸어야 한다. 땅은 가꿀수록 좋아진다고 했다. 비료도 하고 갈아도 주고 살피면 할 일이 보인다. 그런데 땅의 종류가 다양한 경우도 보았다. 땅에 나무도 있고 잡풀도 있고 돌도 있고 사람이나 짐승에 짓 밟힌 땅이 있다. Organic을 원하면 거기에 상응하도록 땅을 만들어 주어야 한다. 작물의 종류에 따라 다르기 때문에 알맞게 만들어 주어야 농사를 할 수 있다. 위에서 살핀 대로 이렇게 연결되어(connected) 있기 때문에 잘 정리를 해야 한다.

Organic은 "조직적인, 통합적 즉 일원화된" 의미가 있기 때문에 자연적이고 연결되는 모든 것을 체계적으로 정리하여 생산 또는 열매를 거둘 수 있는 기반(whole)을 만들어야 한다. 곡식을 심었을 때 관리를 한다는 것은 식물이 자랄 수 있는 환경을 만드는 것도 중요하지만 시기 적절하게 처리하는 것도 중요하다. 예를 들면 예수님이 말씀하신 대로 잡초가 곡식 가운데 나왔을 때 잡초를 뽑으려고 하다가 곡식까지 뽑아서는 안 되기 때문에, 추수 때까지 기다려야 한다. 그래서 처리해야 한다. 곡식은 창고에 두고, 잡초는 모아서 불에 태워야 한다. 이것은 상징적인 의미도 있다. 최후의 심판 때 잡초와 곡식을 구분하는 의미도 있다. 추수하는 분은 사람이 행한 대로 처리하실 것이기 때문이다(마 16:27).

다음은 균형적/바란스(balanced)를 생각하자. 농사를 하면서 바란스는 참으로 중요하다. 예를 들어서 비료를 할 때 21:17:17은 바란스이다. 즉 질소, 인산, 칼리의 비율이다. 예를 들어 질소가 많으면 청색이 짙은 채소가 된다. 그래서 비료를 식물에 알맞게 주어야 한다. 그렇지 않으면 원하지 않는 작물이 만들어질 수 있다. 또 인위적으로 만들면 균형을 잃은 결과를 가져오기도 한다.

균형이 가장 잘 표현된 말은 성경에서 샬롬(shalom)이다. 샬롬은 하나님이 예수님을 통해서 주신 평화이다. 샬롬은 평화라는 의미만 있는 것이 아니다. 온전함(whole), 형통(prosperity), 인간 복지(well-being)라는 의미도 있다. 평화 또는 온전함에서 샬롬의 의미를 보면 분명히 균형적/바란스라는 말을 쉽게 이해할 수 있다. 거기에 형통이 있고, 인간 복지가 있다. 오늘날 같으면 형통은 번영이나 성공도 포함하고 있다. 그러나 샬롬은 단순히 물질적 번영만이 아니다. 정신적 풍부함도 포함되어 있다. 샬롬은 물질적 번영에 국한하지 않는다는 말이다. 그래서 인간의 행복을 의미한다.

나는 이것을 영어로 표기하여 나의 행동의 내용(기독교윤리학/신학적 윤리)으로 삼았다. SHALOM. 이것을 나의 영어 표기의 의미를 보면 다음과 같다.

S →salvation(지금도 우리에게 주어진 제일 과제는 인간의 구원이다. 인간의 구원은 자연의 구원이며, 우주의 구원이다. 인류가 소멸될 가능성도 있다고 하

나 그것은 하나님의 손에 달린 것이니 우리가 논할 문제가 아니다. 하나님의 나라의 출발이다. 이것은 하나님이 인간을 향해 시작한 은혜의 작업이다).

H →hope(희망은 하나님이 인간에게 주신 귀한 선물이다. 믿는 자들에게 하나님은 하나님의 자녀가 되는 권세를 주셨고, 동시에 하나님의 나라에 들어가는 자격과 길을 마련해 주셨다. 이런 희망이 없는 사람은 죽은 사람이나 마찬가지이다. 즉 살았다 하더라도 육신의 생명(bios)만 생각하는 것이고, 영생(zoe aionios)은 전혀 생각하지 않은 것이다. 하나님의 나라는 희망의 나라이며 희망이 항상 포함되어 있다).

A→amen, affirmation, appreciation(믿는 자는 언제나 아멘/예만 있다. 왜냐하면 하나님이 "아니오"는 대신 짊어지셨기 때문이다. 믿는 자는 이것을 확언하고 감사한다. 따라서 항상 감사의 표현인 예배가 따른다. 이것은 하나님의 나라의 삶의 모습이다).

L→life-love leadership(생명 살림은 최 우선 과제이다. 하나님은 살아 계셔서 그 속에 생명이 있다. 거기에 빛이 있다. 이 빛은 생명의 빛이다. 즉 사람들의 빛이다(요 1:4). 죽은 인간을 살려내는 빛이다. 하나님은 사랑이시기 때문에 자기에게 반항한 인간도 살리는 작업을 하셨다. 그리고 지금도 하고 계신다. 하나님의 나라는 생명의 나라이다. 또 하나님의 사랑이 넘치는 나라이다).

O→ortho-fides(正信), ortho-cognitio(正思), ortho-praxis(正行)이 있다. (정신, 正信)은 바른 믿음이다. 물론 이단은 용납이 안 된다. 오직 하나님 여호와를 믿는 믿음이 있고, 예수 그리스도를 구주로 믿는 믿음이 있고, 성령의 인도하심을 믿는 믿음이 있다. 앞에서도 말한 것처럼 이것을 잘 정리하는 작업으로서 정사(正思)가 있다. 하나님을 잘 배울 수 있고, 그의 가르치심을 기록한 성경을 통해 알 수 있는 작업이 있다. 이것은 신학이며, 모든 것을 체계적으로 정리하는 기술도 필요하고 어떠한 세대를 만나도 핵심이 불변하는 내용을 정리하는 작업이다. 이것이 신학교의 존재 이유이며, 정체성을 확실하게 밝혀야 할 이유이다. 장신대는 처음부터 정체성을 확실하게 밝혔지만 계속해서 확언해야

한다. 하나님의 나라를 들어갈 수 있는 기틀을 마련하기 위해서이다. 바른 실천이다. 즉 정행(正行)이다. 여기서는 항상 주님의 말씀을 기억한다. "누구든지 이(계명)를 행하며 가르치는 자는 천국(하나님의 나라)에서 크다 일컬음을 받으리라"(마 5:19). "생명으로 인도하는 문은 좁고 길이 협착하여 찾는 자가 적음이라"(마 7:14). "다만 하늘에 계신 내 아버지의 뜻대로 행하는 자라야 들어가리라"(마 7:21). 바른 실천 즉 정행을 나는 기독교윤리학의 작업(work)이라고 부른다. 그래서 믿음, 신학, 윤리가 만난다. 기독교윤리학은 신학적 윤리가 된다. 하나님의 나라는 기독교윤리학의 방향이며, 질(質)이며, 내용이다. 하나님의 창조와 아버지 되심이 세계관으로서 기독교윤리학의 방향이며, 아버지와 아들로서 보여주신 가치관으로서 기독교윤리학의 질(質)이며, 하나님의 영이신 성령으로서 계명과 덕목(德目)으로서 행동을 제시하며, 행동을 인도하시는 기독교윤리학의 내용이다).

M→momentum, motivation, movement(원동력은 성부를 생각하였다. 동기부여는 성자를 생각하였다. 운동은 성령을 생각하였다. 여기서 나는 삼위일체 하나님, 샬롬의 하나님, 하나님의 나라의 주인이시며 통치자이시며 인도하시는 하나님을 보았다. 그래서 하나님의 지식을 삼중지식으로 생각하였다. 최종적인 측면에서 하나님의 나라를 생각하고, 세상 그 어디에도 없는 "성경적 종말론"을 보았다. 지금까지의 종말론은 지난 날을 보고 "앞으로" 즉 장래를 예측한다. 심지어 미래학자들이라는 사람들도 지금의 발전 속도와 자료들을 보고 예측한다. 내가 미래학을 강의하면서 AI를 처음 말할 때에도 엄청난 변화가 올 것이라고 생각은 했지만, 오늘과 같은 변화는 짐작도, 상상도, 듣지도 못했다. 그런데 하나님의 미래는 인간이 완전히 짐작할 수 없다. 하나님의 미래는 완전히 하나님의 새로운 것이다. 왜냐하면 하나님의 종말이나 미래는 하나님만이 아시기 때문이다(kairos). 그리고 호라(hora)가 이뤄질 때만이 인간들이 알 수 있다. 이것이 성경이 말하는 종말론이다. 하나님의 나라는 바로 카이로스(Kairos)와 호라(hora)가 만나는 접촉점(tangent)의 점이다. 하나님의 나라의

관점에서 보면 믿음으로만 알 수 있는 시점이다. 그래서 나는 나라와 권세와 영광이 하나님께 만 있다고 고백한다. 그리고 하나님께 만 영광을 돌리고자 한다. 하나님의 나라를 생각하면서 하나님의 한없으신 은혜와 긍휼, 자유로우심, 신실하심, 정의로우심을 발견하고 영원하신 하나님의 나라에 들어갈 수 있게 해주시라고 기도한다.

나는 SHALOM을 현실화/실행하기 위하여 두 가지 면에서 진행하려고 한다. 첫째는 내적인 면 또는 개별적인 면에서 접근하려고 한다. 나는 이 과정을 5Cs 라고 부른다. 이것을 영어로 풀어서 말하면 다음과 같다.

Compassion(동정/공감): 욕구가 있는 사람의 마음과 공감하고, 가능한 한 필요한 것을 채우는 작업을 의미한다. 예를 들면 사마리아 사람의 비유에서 이웃이 되려고 하는 마음을 갖는 것이다.

Commitment(헌신): 이 단계는 공감을 하여 필요한 것을 채우려 하는데 전심을 다 하여 진행하는 것을 의미한다. 예를 들면 사마리아 사람의 비유에서 상처받은 사람이 필요한 것을 전심을 다 하여 도와주고 치료를 도운 행동과 같은 작업이다.

Conduct(행동): 이 단계는 말만 하는 것이 아니고, 실제로 필요한 행동을 하는 것이다.

Comprehensiveness(포괄적 임): 이 단계는 부분적인 도움을 주는 것이 아니고 완전히 해결할 때까지 하는 작업이다.

Completeness(완성): 이 단계는 완전히 해결할 때까지 즉 완성될 때까지 도움을 주는 작업이다.

이 5Cs는 착한 사마리아 사람의 비유를 한 실례로 하여 행동하려는 것이다. 제 4차 산업혁명에서 그리고 코로나 19의 경험에서 여러 문제들이 일어날 때 하나의 현대적 방법이 될 수 있을 것으로 생각했다.

둘째는 외적인 면 또는 공동적/공공적 측면에서 접근하려고 한다. 나는 이것을 TTDL이라고 부른다. 이것을 영어로 풀어서 말하면 다음과 같다.

Trust(신뢰): 공공적 측면에서는 가장 우선적인 측면이 신뢰이다. 신뢰를 획득하여야 모든 것을 진행할 수 있다. 신뢰를 얻지 못하면 무엇을 하든지 믿을 수 없어서 접근을 하기 어렵다. 나는 이 단계를 믿음의 단계(faithful)라고 생각한다.

Transparency(투명성): 투명성은 신뢰를 통해서 다음 단계로 얻어지는 것이다. 다시 말하면 신뢰를 계속 유지하기 위해서 투명성이 필요하다. 나는 이 단계도 믿음의 단계(faithful)라고 생각한다.

Democracy(민주주의): 현대는 민주주의가 가장 현실적으로 요구되는 진행과정이다. 인간이 하나님께 대한 죄를 지음으로 말미암아 한계가 있지만, 그래도 양심이 작동할 수 있는 실마리가 남아있기 때문에 여러 사람들의 뜻을 모을 수 있다. 이것은 형성적(formational) 토대가 된다(foundational). 삼위일체론과 기독론.

Leadership(리더십): 리더십은 일이 되게 하는 자리와 능력이다. 이것은 생명을 살리는 사랑의 리더십을 의미한다. 열매 맺는 작업이다(fruitful). 대부분의 일은 리더십의 행동에 의하여 행동의 방향, 질, 내용이 결정된다. 더욱이 제 4차 산업혁명 시대 또는 5G 시대는 유능한 리더십이 절실하게 요구된다. 신뢰를 얻고 투명성을 보이며 민주적 마인드를 가지고 일이 되게 하는 능력의 리더십이 작업을 진행하는데 반드시 필요하다. 리더십은 여기에 믿음을 갖고(하나님과 고리) 시대를 분별하는 분별력과 더불어 사는 포용력과 일이 이뤄지게 하는 추진력을 갖추어 영혼을 새롭게 하여 하나님의 부르심에 응하며 소명감을 가지고 맡은 일을 감당하는 사명을 이행하는 것을 요구한다. 시대를 선도하는 영과 진리의 리더십을 가져야 한다. 이것은 결실의 단계를 향한다(fruitful). 예: 성령의 열매.

우리가 여기서 한 가지 잊지 말아야 할 것이 있다. 좋은 밭(organic)과 균형이 맞는다(balanced) 하더라도 씨가 좋지 않으면 열매를 맺을 수 없다. 그런데 이 씨는 하나님이 주신다. 다른 씨를 심으면 잡초가 된다. 하나님은 좋은 씨(마 13:24) 즉 하나님의 나라에 합당한 씨를 주신다. 이것이 복음이다. 좋은 밭에 즉 균형이 맞는 밭에 하나님이 주신 좋은 씨 즉 복음을 심으면 좋은 열매를 맺는다(마 13:23). 그렇다면 21세기 즉 새로운 세기를 사는 우리의 할 일은 이 열매 맺는 작업을 해야 할 것이다. 이것은 선택 사항이 아니고 필수 사항이다. 이것은 기독교윤리학의 용어를 빌리면 ought to의 상황이다. 때로는 must의 상황일 수도 있다. 모두스 모벤디(modus movendi) 같은 것도 필요하지 않을까 생각해 본다.[40]

성부 하나님의 faithful, 성자 하나님의 foundational, 성령 하나님의 fruitful의 삼중 지식을 오늘의 상황이나 미래의 상황에서 아무리 격변하는(convulsive) 상황이 온다 하더라도 하나님의 나

40 "의견과 사상이 다른 사람, 조직, 국가들이 서로 다투지 않고 살아가기 위해 맺는 협약"Schwab, Klaus, The Fourth Industrial Revolution, 139쪽.

라의 씨(복음)는 심어야 하고, 반드시 자라서 영원한 생명이 들어가서 살 하나님의 나라의 열매를 맺게 할 것이다. 거기는 감사와 예배가 넘치는 삶이 있게 될 것이다. 항상 하나님이 원하시고(요 6:40), 기뻐하시고(요 8:29), 하나님께 영광을 돌리는(요 17:1 이하) 일 만 있게 될 것이다. 여기에 기독교의 종말론(eschatology)의 회답이 있다. 이 과정에서 함께 사는 온전한 삶(teleios) 또는 더불어 사는 삶(togetherness)이 필요하다. 이러한 삶이 하나님의 나라에 들어가기까지의 과정에서 사회에 대처하여 일어날/일어나야 할 삶이라고 나는 생각해 본다. 성령론.

이런 상황에서 우리는 미래를 향해 분명한 담론(narrative)을 마련하고, 여기에 맞는 복음 전파를 위해 간단한 슬로건을 정하는 리더십을 형성할 필요가 있다. 이제는 전혀 새로운 세계가 전개될 것으로 이해되니 새로운 리더십은 낡은 방식을 과감히 버리고 사람들이 따를 수 있는 공유 가치(shared values)를 가지고 미래 공동체를 형성하기 위한 즉 미래의 이익을 위한(오펠레오/opheleo) 진정성 있는 담론과 그것을 추진할 리더십이 형성되어야 한다. 물론 옛 것과 새것이 필요하지만(마 13:52) 담론은 새롭게 형성되어야 한다. 피할 수 없는 상황은 제 4차 산업혁명 시대 또는 5G 시대, 내가 상상할 수 없는 시대에 살게 되었는데, 하나의 기독교인으로서 왜, 무엇을, 어떻게 할 것인가를 계속 생각하면서 전능하신 하나님 아버지가 부르시는 날까지 맡기신 일을 하려고 한다. 이것이 내 소명이고 사명이다.

북한을 기회의 땅이라고 말하는 사람도 있다. 그러나 아직은 불안하니, 베트남이 더 좋은 기회를 주는 땅이라고 말하기도 한다. 나는 개인적으로 북한을 기회의 땅이 되도록 해 달라고 하나님께 기도한다. 이것은 통일이며, 하나님의 나라를 전하는 것이 필요하다. 다행히 삼위일체 하나님은 나의 죄를 용서하시고, 희망을 주시고, 계시를 통해 인도하신다. 그래서 나는 몸과 마음을 단정히 하고, 거룩하게 해 주시기(하기아조)를 기도하며(요 17:17-19) 성도(하나님을 믿는 사람)가 되어(하기아조), 가르치고, 전하고(아팡겔로/아낭겔로, 마 12:18, 요 5:15), 그리고 선한/좋은, 옳고 바른, 적합하고 통합적인 행동(아가소포이에오, 눅 6:9, 33, 벧전 2:15, 20)을 하려고 한다. 그리고 나는 구체적이고 현실적인 행동을 하려고 한다. 이것은 나의 인간론이기도 하다. 나는 나를 위하여 이것들을 "7 가지 알파" 라고 부른다. 그리고 나는 하나님께서 변화 무쌍한 제 4차 산업혁명과 **5G**의 세력에서 살아가는 소명을 받은 사람들 7천명(왕상 19:18, 롬 11:4) 가운데 하나로서 인정하시고, 일을 맡기시면 사명을 다 하려고 하고(나에게 남은 시간), 기본으로 돌아가려고 한다. 이렇게 기본으로 돌아가는 것이 새로운 시대를 열어 가기 위하여 나와 교회와 사회를 위한 나의 삶이며, 개혁 작업이라고 생각하면서(마 13:37-43), 오직 하나님의 영광을 위하여 자기가 속한 사회의 일원으로서 자기의 몫을 잘 실천하여 공생(共生)을 위한 연대를!! 이라고 말하고 싶다.

이 시대를 대처하는 일은 더 이상 개인의 문제가 아니다. 지금 우리는 제 4차 산업혁명으로 인하여 "초연결시대"에 산다.

그리고 물리학과 디지털과 생물학의 “협력”으로 인하여 “융합”을 이루며, “통합”이라는 새로운 환경을 만들어 가고 있다. 여기서 많은 윤리적 문제가 일어나고 있다. 교제와 교통이 필요하다. 그리고 적합한 리더십을 요구하고 있다. 이제 우리의 과제는 기독교인으로서 할 일이 무엇인가? 이다. 사회가 바벨탑(세속의 연대)의 상황으로 가는데, 우리는 무엇을 할 수 있는가? 하나님은 이미 우리에게 치유와 회복과 희망의 연대로 인도하시는 계시를 주셨다. 우리는 이제 거룩함과 전파와 선한 행위를 어떻게 할 것인가? 기술의 놀라운 발전은 분명히 우리에게 기회를 준다. 기술은 우리의 먹거리의 도움이다. 그리고 우리의 삶의 접촉점이기도 하다. 우리는 코로나 19를 통해 트렌드의 미세화 등으로 “나노사회”로 가고 있음을 본다.[41]개별화가 심화되겠지만 생존을 위해 연대를 요구한다. 이 기회를 관리하고 대응할 적합한/합당한 사람들이 얼마나 될까? 여기에 승자와 패자로 나뉠 것이 분명한 데 그 결과에 대한 대책은 어떻게 될 것인가? 여기서 믿음과 신학과 윤리는 무엇을 할 수 있을까? Covid-19 이후 창의적 리셋(reset, resetting)이 필요하다고 한다. 즉 “공공, 공생, 공동, 공존, 공정, 공평을 위한 전혀 새로운 패러다임을 요구” 한다.[42] 나노사회는 로고스를 넘어서 미소스(mythos)로 가자고 한다. 그리고 초자연적 또는 초월적 방향을 외친다. 그러나 기독교

41 김난도 외, 트렌드 코리아 2022(서울: 미래의 창, 2021), 169쪽 이하.

42 박 영숙, 제롬 글렌, 『세계 미래 보고서 2021: 포스트 코로나 특별판』(서울: 비즈니스북스, 2020), 16.

는 이미 초월의 요소가 분명히 있다. 나노사회는 꿈을 파는 세상을 요구한다. 기독교는 이미 하나님의 꿈이 역사한다. 기독교는 하나님이 통치하시는 하나님의 나라를 희망한다. 나노사회는 실재감의 기술을 노래한다. 기독교는 이미 이것을 노래한다. 기독교는 믿음이 바라는 것들의 실상이요 보지 못한 것들의 증거를 노래한다. 그리고 하나님의 나라의 실재감을 노래한다. 하나님은 삼중지식을 통해 하나님의 실재감을 노래하게 한다. 나노사회는 팔로워가 1000명이면 먹고 산다고 한다. 기독교는 10명으로 먹고 산다고 한다. 여기서 나노사회는 고객의 만족을 추구하는 **D2C**를 노래한다. 기독교는 하나님이 인도하심을 노래한다. 나노사회는 지성보다 감성을 요구한다. 기독교는 이미 지성과 감성을 통합하여 노래한다. 이것은 트랜드 코리아 2022에서 배웠지만 나는 기독교에서 성경을 통해 그것을 성찰하고 이해하였다. 그리고 기독교가 새롭게 인지해야 할 것은 하나님의 나라를 새로운 세계로 만나고 있다는 점이다. 기독교는 단순히 생존이 아니라 하나님의 나라를 따라 살기 위하여 새롭게 접근하는 삶의 방식을 택해야 한다. 나는 여기서 나 스스로에게 계속해서 믿음과 신학과 윤리(신사행)가 어떤 대응의 방법을 제시할 수 있을지 묻고 있다. 동시에 나의 개인적인 응답은 다시 확실히 기본으로 돌아가는 것 즉 성경 대로, 다시 말하면 하나님의 삼중지식을 따라 실천하는 것을 함께 확대하려고 한다. 이것이 나의 신학 GOLDTEA이다. 즉 God, orthofides-orthocognitio-orthopraxis, Leadership, Democracy, Technology, Education and

Ethics, Action + 7 As이다. 이것이 유기적이고 균형적인 신학이며, SHALOM의 윤리이다.

요 약:

우리는 "지금"(nunc), "여기"(hic)에 산다. 지금 여기에 개혁의 요구가 있다. 왜냐하면 지금 여기에 미래가 있고, 종말(에스카톤, eschaton)이 있기 때문이다.

우리는 지금 이런 때에 산다. 즉 사회적 위기와 기회의 시대에 산다.

통일로 떠밀려가고 있는 때(카이로스-호라)에 산다.

제 4차 산업 혁명 시대에 산다. 초 연결 시대, 그리고 물리학과 디지털 기술과 생물학이 융합/통합의 시대, 지각변동의 환경에 산다.

5G에서 6G를 향해 급격하게(convulsive) 변화하며, 예측이 어려운 시대에 산다.

De- 또는 Decoding과 shift 시대에 산다.

리셋(reset, resetting)이 요구되는 사회에 산다. (절실한) 필요 또는 욕구, 속도, 번영, 편리를 넘어서는 리셋이 요구되고 있는(하나님의 교회 회복) 때에 산다.

우리는 예수님을 따라 하나님을 믿는 사람들이다. 예수님은 항상 하나님 앞에(왕상 21:25, 눅 12:6, 고전 1:29, 약 4:10, 계 3:2, 엡 1:21-22, 갈 5:18), 함께(마 1:23, 28:20) 계신다. 예수님은 다시 오신다(행 1:11). 예수님의 키워드는 하나님의 나라이다(막 1:15, 행 1:3, H. Richard Niebuhr, Christ and Culture, I 참조). 지금, 여기에 바른 신사행(信思行)을 가진 합당한(프레폰, prepon, 마 3:15) 리더십(찬송 196)과 담론의 교육이 필요하다. 세계가 바라는 장신대가 정신적 리더십(요 10:16)이 되기를 전능하시고, 우리의 아버지이신 여호와 하나님께(요 20:17) 나는 빈다. 신학: GOLDTEA(기독교윤리학의 방향). 신론과 인간론. 접근점. 교육. 행동. 주의: 땅/흙: WOB(warning! Organic and Balanced)(기독교윤리학의 질). 기독론. 기독

교윤리학의 방법: SHALOM + 3Fs(기독교윤리학의 내용). 성령론. 교회론. 화해론. 종말론. 생명론. 목표/목적: 하나님의 나라 KG/BTT. 감사한다. 예배한다. 주 자료: 성경/설계도(예: 신사행 성경/sshbible). 보조자료: 예: 트렌드 코리아 2022.

(4)

나의 죄의 고백

나는 전라남도 해남 한 시골에 태어나 14세까지 살았다. 학교 생활은 엉망이었고 중학교 2학년 때 6. 25 사변을 만났다. 그런데 중학교를 졸업하고 어머니를 따라 고향을 등지고 방랑 생활을 하였다. 돈도 없고 아는 사람들도 없는 여러 곳을 돌아다니며 지나게 되었는데 정확히 기억은 없지만 1953년경에 제주도를 우연히 어머니를 따라 가게 되었다. 먹고 살기 위하여 여러 가지 일을 하던 중 일 할이라는 고율의 이자를 주기로 하고 돈을 빌려 장사를 하게 되었다. 경험이 없는 나는 십대 중반으로서 장사를 하는데 장 바닥을 헤매고 다녔고 가진 고생을 하다가 파경을 맞았다. 빚을 졌으나 갚을 길이 없어 제주도를 떠나게 되었다.

당시는 배가 제주에서 목포와 부산을 왕래하였는데 항상 밤에 떠났다. 그래서 빚을 여러 사람에게 졌지만 이자도 갚고 외상도 주고 하여 반드시 갚아야 한다는 사람은 두 사람이었다. 지금 그들에게는 대단히 죄송하지만 만날 수가 없다. 항상 가슴에 안고 살면서 죄송한 마음을 갖고 있으며 다른 방법으로 갚을 길을 찾고 있다. 실제로 그렇게 노력하고있다. 어느 날 나에게 어떤 목사님이 질문을 하였다. 언제 제주도에 있었냐는 질문을 받기도 하였다. 다른 사람에게 갚으라는 조언을 미국에서 다른 사람에게 들어서 몸을 다 하여 갚을 노력을 하였다. 사실 제주도를 떠날 때 교회의 한 집사님 가정에 팔다가 남은 몇 가지 물건을 모두 맡겼고 떠나는 것을 이야기하였다. 그리고 한 분은 흥신소를 통해 나의 소재를 파악했을 것으로 알지만 두 번이나 찾아와 보았으나 갚을 길이 없다는 것을 보고 포기하신 것 같았다. 그때 헌 시계가 있었는데 그가 그것만 가지고 갔다. 그리고 다시 그분은 오지 않았다. 이것은 나를 짓누른 짐이 되었고 아침 마다 일어나면 그 생각으로 시작한다. 어떻게 생각하면 내가 두 개의 얼굴을 가진 사람이 되었고 많은 사람들에게 피해를 주는 사람으로 된 것 같다. 진심으로 용서를 빈다.

나는 현재 소변이 수시로 나와서 교회에도 못 간다. 통제가 안된다. 예배 중간에 나와야 한다. 그래서 나는 매 주일 소망교회 인터넷 예배에 참여한다. 소망교회 예배 순서는 내가 바라는 내용으로 진행된다. 참으로 감사한다. 그래서 예배 시작하기 전에 헌금을 하고 예배를 하는데 참회의 기도를 목사님이 인도하고 기도 맨 마지막에 하나님과 나만이 아는 기도를 하도록 인도한다. 그 시간을 나는 귀하게 생각하고 진심으로 기도한다. 나는 아내를 통해 배속에 아이들을 죽였으며 파산을 통해 남에게 피해를 주었으며 때때로 고의적으로 거짓말을 하였으며 전체적으로 그리스도인 답지 못한 행동을 한 점을 하나님께 간절히 기도한다. 기도는 날마다 같은 기도이지만 해야 한다고 생각하고 참회의 기도를 되풀이하여 한다. 나는 전에 소망교회에 약 10년간 곽선희 목사님이 시무하실 때 다닌 적이 있다. 그 때도 마음에 꼭 맞아서 즐겁게 다녔는데 지금 인터넷 예배도 많은 점에서 곽목사님의 뒤를 따르는 예배 순서를 갖고 진행하는 것이 기쁘고 참회의 기도시간에는 다시 한 번 더 마음을 가다듬고 용서해주시라고 하나님께 간절히 기도한다.

(5)

나도 목회를 했었다

오늘 소망교회 김 경진 목사님의 설교를 들으면서 나 자신을 돌이켜 보고 나는 교회를 섬길 때 어떤 자세였는가 라고 스스로 질문을 했다. 나는 은근히 하나님의 종으로서 섬기는 자세였는가 아니면 나 자신을 높이고 내놓으려고 하였는가? 나는 나도 모르게 나 자신을 높이려고 하지 않았는가? 잘 한다는 말을 들으려고 노력하지 않았는가?

오늘 김 경진 목사님의 설교 본문은 마태복음 8장 18~22절 말씀이었다. 예수님이 자기 제자를 선택할 때 어떤 기준을 가지고 선택하셨을까 라는 질문이 핵심 내용이었다. 하나는 잘 나가고 유식한 서기관이고, 다른 하나는 아버지에 대해 인간의 정을 가지고 대하는 평범한 사람이었다. 김 목사님의 해석은 정을 가진 평범한 사람이라고 한다. 그리고 예수님은 그를 향해 "나를 따르라" 라고 말씀하신 것을 증거로 삼았다. 여기서 나는 나를 돌이켜 보았다.

김 목사님도 설교 가운데 언급이 있었지만 마태복음 8장은 바로 예수님의 산상설교 다음 장에 나오는 말씀으로써 많은 것을 생각하게 하는 내용이 있는데 이어서 오늘의 말씀이 있다. 김 목사님의 해석은 바로 산상설교를 염두에 둔 것 같았다. 예수님이 원하시는 사람은 많은 지식을 가지고 제자가 되려는 사람을 선택하지 않는 것은 정말 제자가 될 수 없다고 판단하신 것 같다는 내용이었다. 그래서 예수님의 말씀은 "여우도 굴이 있고 공중의 새도 거처가 있으되 인자는 머리 둘 곳이 없다" 이었다. 이 말씀에 대한 해석은 김 목사님이 하지 않았지만 아니다 라는 대답으로 받아들였다. 그 내용은 서기관이 머리 둘 곳도 없는 예수님을 선생으로 주로 따를 수 없다고 본 것이다? 서기관은 자기가 배우고 지금 어떤 형편에 있는지를 잘 알고 또 예수님이 어떻게 가르치고 있는 것을 잘 알고 있었다. 그렇게 똑똑한 사람은 제자로서 적합하지 않다고 예수님은 생각하신 것이다?

나는 본래 모든 면에서 내 놓을 수 없는 사람이어서 자랑을 해 본 적도 없고 그럴 마음도 없었다. 다시 말하면 떳떳함이라고는 단 한 가지도 없다. 그래서 어디 나서는 것이 부담되었다. 어떤 자리에 있었기 때문에 할 수 없이 나서기는 했지만 마음이 좋아서 나서려고 하지는 않았다. 내성적 성격하고 도 맞았다. 하나님이 주신 은혜로 받아들인다. 그렇지 않았으면 상당히 설치는 사람이 되었을지도 모른다. 특별히 교만했을지도 모른다. 지금 나는 만족하고 하나님께 감사한다.

내가 목사로서 초청받아 섬긴 교회는 미국 노스 캐롤나이나에 있었든 작은 한인교회, 충무교회이었고, 교수로 있으면서 봉사하는 목사로서 동서울 교회, 영등포 제일교회, 난곡신일교회이다. 미국에 있는 한인교회는 미국 Orange Presbytery에 소속된 개척교회로서 한국 목사가 이민 가서 세웠으나 독자적인 교회이었고 공식적으로 노회의 개척교회로서 위치를 가지고 있는 목사로서 나는 일을 하였다. 그리고 나는 공식적으로 노회에 속하면서 지교회는 Westminster 교회 Associate Pastor로 되어있었다. 담임목사와 함께 많은 일을 하면서 많은 것을 배웠다. 그러나 여기서 나는 언제나 가르치려는 자세를 가졌고 빈틈없는 내용을 보이려고 높은 지식을 제시하는 주석들을 보면서 접근하였다. 목회는 분명히 가르치는 곳이 아니었다. 목회는 교회를 충성스럽게 섬기고 상처받은 교인들을 치유하고, 낯 설은 곳에서 노동을 하면서 불편하고 지친 교인들을 위로하고 아파하고 목사에게 기대게 하는 목회여야 했다. 나는 그렇게 하지 못했다. 더욱이 나는 미국에서 박사 학위를 가진 사람으로서 다른 목사와는 다른 사람이라는 태도를 가졌지 않은가? 지금 생각해 보면 특히 김 경진 목사님의 설교를 듣고 생각해 보면 지식이 많은 실제는 그렇지도 않으면서 제자가 되겠다고 나선 서기관과 같은 사람이 아니었을까? 한국의 일터에서 어려움이 있고 적응하지 못하면서 미국으로 도피한 것이 아닌가? 라는 생각을 해 본다. 분명히 더 편안한 곳을 찾아 나섰는데 모든 것이 그렇게 만만하게 풀리지 않았다. 아내가 주선하여 한국에 일자리를 갖고 귀국하면서 주님 보시기에 서툰 목회를 접고 귀국하였다.

동 서울 교회는 목회자가 없어서 내가 대신 교수 일을 하면서 주일날과 필요할 경우 나가서 봉사하는 입장이었다. 일종의 파트 타임 일이었는데 대단히 재미 있었다. 한 분의 장로님이 거의 마음대로 움직인다는 인상을 가졌지만 파트 타임이라서 그랬는지 모르지만 거의 부담 없이 7개월 동안 봉사했다. 그러나 한 사람이 교회를 움직인다는 인상을 받으면 교회는 편안할지 모르지만 성장하지는 못하는 것 같았고 결국은 가족과 친척의 교회 구성원만 남는 결과를 가져올 것 같았다. 그리고 나는 설교자로서 잘 대접을 받으며 예수님의 제자의 값 비싼 역할을 하지 못한 것 같다.

여의도 제일 교회? 는 본 교회에서 갈라져 나온 사람들이 63빌딩에서 모이고 있으면서 나를 초청하여 예배를 드리었다. 본 교회 목사님이 통일교 건에 연루되어 그것을 반대하고 나온 사람들이 새로운 교회를 만들어 예배한 교회였다. 여기서도 약 7개월 정도 봉사한 후 여의도 백화점 7층에 교회터를 구입하여 예배를 드리게 한 후 사임하였다. 여기서 나는 단독 목회 수준으로 목회를 하였으나 두 가지 일을 잘 할 수 없음을 알게 되었다.

목회만을 하든지 아니면 가르치는 일만을 하든지 선택해야 했다. 교인들은 교회를 잘 섬기고 교인 수도 조금 늘고 안정되어갔다. 나는 그것으로 만족하였다.

난곡 신일교회는 내가 젊음을 바치는 심정으로 봉사하였다. 본래 난곡신일교회는 최상래 목사님이 개척하여 많은 성도들이 있었는데 최 목사님이 질병으로 입원해 있었다. 본래 아는 분이어서 병문안을 갔는데 한 달 동안 설교를 부탁했다. 그 설교가 끝날 무렵 회복되기를 기대했던 최 목사님이 돌아가시고 교인들이 나를 담임목사로 청빙하였다. 그래서 나는 학교를 사임하고 교회로 갔으나 노회의 허락을 아직 받지 않았고 서툰 목회로 인하여 그만 두게 되었다. 정식으로 목회를 목사로서 하지 않았기 때문에 그냥 두는 이상한 결과를 가져왔다. 오기 싫은 학교로 다시 돌아오게 되었다. 참으로 부끄러웠다. 그런데 얼마 후에 난곡신일교회 담임목사의 개인적 사건이 있어서 일부 교인들이 반대하고 나와서 교회를 새롭게 조직하여 섬기게 되었다.

새로 모인 교회에서 나를 청빙하여 강단을 맡아 달라는 부탁을 했다. 나는 명예회복 차원에서 맞아 떨어졌다. 나도 아직 젊고 멀기는 하지만 그 목회를 수락하였다. 나는 학교에 적을 두고 왕복 40Km나 되는 곳을 다니면서 약 2년 동안 새벽기도까지 인도하였다. 나는 도합 3년 일 개월 동안 충성스럽게 봉사하였다. 나는 어려운 일이 있었지만 교회의 초청으로 노회 당회장 허락도 받았다. 나는 난곡신일교회 목회를 지금도 잊을 수 없다. 내가 처음 갔을 때는 조그마한 건물 2층과 3층을 빌려 예배 처소와 교육관으로 사용하였다. 곧 너무 협소하여 조금 큰 장소를 찾아 이동하였다. 200 여명 정도의 교인으로 성장하자 더 큰 장소를 생각했지만 나의 한계는 여기서 멈추었다.

(6)

주님의 제자가 되기를 원합니다

나는 목회를 통해 주님을 진정으로 따르는 값 비싼 은혜의 목회를 못했다. 후회하는 일 만한 것 같다. 나는 지금도 치유와 회복과 함께 같이 더불어 사는 것을 강조하면서도 실제로는 그렇게 하지 못했다. 오히려 나는 지금까지 살아오면서 남의 도움만 받고 신세만 졌다. 나는 사람에게 배려도 못하고 줄줄 모른다는 평가를 받으며 산다.

내 개인적으로는 그렇지 않으려고 노력한다. 그러나 그렇게 보이지 않는 모양이다. 어떻게 하든지 주님이 거저 받았으니 거저 주라고 하신 말씀을 명심한다. 그래서 지식 봉사는 열심히 하려고 애를 쓴다. 신학교를 졸업할 무렵 신학자 Dietrich Bonhoeffer 라는 사람의 옥중서간을 읽고 미국에 가서 그의 자유에 대한 공부를 좀 더 하였고, 박사는 그의 신학과 깊은 관계가 있는 Karl Barth를 공부하였다. 다행이 바르트의 제자를 선생님으로 모시게 되어 지도를 잘 받았고 훈련을 한 결과 지식 봉사를 한다고 했으나 부족하게 보인 것 같다. 내가 할 수 있는 범위 안에서 노력하고 있지만 사람들은 그렇게 보지 않은 것 같다. 내가 이렇게 글을 쓴 것은 나 자신을 돌이켜 보면서 회개하기 위함이다. 특히 신사행 성경을 만들려고 의도하면서 무엇인가 지적 봉사를 하려고 하였다. 특히 초보자 훈련을 위해 꼭 필요한 앱으로서 좋은 일을 했다고 생각한다. 한국 교회들의 도움과 전문 업체인 Little Song이 개발자로서 이뤄진 이 앱은 대단히 잘 만들어졌다고 생각한다. 이것 하나만이라도 많은 사람들에게 도움이 되었으면 좋겠다. 그리고 캄보디아 선교에서 얻은 결과도 풍성하게 열매를 맺었으면 좋겠다. 이 모든 것이 부족한 일이지만 하나님으로부터 주님의 제자의 값비싼 사역으로 인정되었으면 좋겠다.

[7]

믿음이란 무엇인가?

이 질문은 나의 살아온 삶의 결산을 하는 질문이다. 왜 나는 믿음으로 결산을 하려고 하는가? 믿음은 나의 삶의 출발이며 종착점이기 때문이다. 이 세상에 태어날 때부터 믿음으로 시작하고 믿음으로 마치기 때문이다. 나는 이것을 기독교에서 배웠다. 믿음으로 시작하는 것은 그동안 쉽게 이해하였는데 왜 믿음이 끝나는 점인지를 확실하게 사람들에게 보여주어야 하는데 그동안의 삶의 자세를 보면 그렇지 못한 것 같아 어쩌면 자신이 없어서 일지도 모른다.

태어날 때는 어머니의 태를 가지고 어느 정도 독자적인 노력이 필요하다는 선포와 함께 엄마에 대한 믿음을 가지고 울고 웃고 때 쓰는 행동을 하였을 것 같다. 이 모든 행동이 믿음의 행동이지만 의식하지는 못했을 것이고 모두 무의식적으로 했을 것으로 보인다. 그렇지만 엄마를 믿는 믿음이 분명히 있었다. 그렇지 않았다면 울고 웃고 때 쓰는 행동을 하지 않았을 것이다. 이러한 행동에 엄마가 분명히 반응을 할 것이라는 믿음으로 그렇게 행동했을 것이 분명하게 생각된다.

나는 하나님을 믿는다 또는 예수님을 구주로 믿는다는 고백을 많이 했고 많이 들었고 많이 생각하였다. 그런데 이 믿음이 변할 수도 있다는 것을 발견하였다. 예를 들면 베드로의 경우이다. 베드로는 주님을 믿는다는 말을 분명히 하였지만 그것을 지탱, 지속시키지 못한 경우가 있었다. 베드로는 예수님을 따라다니면서 예수님이 주님이요 그리스도요 살아 계신 하나님의 아들임을 믿었다. 그리고 예수님이 마지막 만찬에서 자기를 팔 사람이 있다는 것을 밝혔을 때 베드로는 자기는 죽을지언정 부인하지 않겠다는 믿음의 고백을 하였다. 아마 이때 한 대답은 진실하게 했을 거라고 나는 생각한다. 그렇지만 실제 사건을 당했을 때 변했을 수 있었다. 인간은 항상 변할 수 있는 가능성이 있기 때문이다. 나만 예외라고 생각하는 것은 인간의 오만이다. 이것이 원죄의 표현이다.

베드로는 자기를 예수 그리스도의 종이며 사도라고 고백하고 또 자기가 하나님과 구주 예수 그리스도의 의를 힘입은 사람이라고 베드로 후서에서 이어서 믿음을 고백하면서 같은 믿음을 가진 사람들에게 편지한다고 기록하였다. 이렇게 고백한 베드로는 신성한 성품에 참여하는 사람이 되게 하려고 행위의 덕목들을 제시한다. 이때 베드로가 제시한 덕목의 맨 처음에 믿음이 언급되었다. 나는 베드로가 예수님을 따라다니면서 항상 믿음을 먼저 생각할 것을 배웠다고 본다. 그래서 베드로는 이 기록에서도 믿음을 맨 먼저 기록하고 이어서 다른 덕목들을 추가했을 것으로 보인다.

예수님이 어느 날 영생의 말씀을 전하였다. 그런데 제자들은 예수님의 말씀이 어렵다고 수군거렸다. 예수님은 제자들이 수군거리는 것을 아시고 이렇게 말씀을 하셨다. "살리는 것은 영이니 육은 무익하니라 내가 너희에게 이른 말은 영이요 생명이라"(요 6:63). 예수님은 이어서 영원한 생명을 믿지 않은 사람들이 있음을 밝히신다. "그러나 너희 중에 믿지 아니하는 자들이 있느니라." 예수님은 많은 제자들이 떠난 후 12 제자들에게 말씀하셨다. "너희도 가려느냐?" 이 때 베드로의 대답은 믿음의 대답이었다.

> "시몬 베드로가 대답하되 주여 영생의 말씀이 주께 있사오니 우리가 누구에게로 가오리이까 우리가 주는 하나님의 거룩하신 자이신 줄 믿고 알았습니다."

베드로는 이 대답을 하고 자기의 믿음을 확인하였다. 베드로는 평생의 결산이 이 믿음에 있었다. 물론 베드로는 예수님을 부인한 일도 있었지만 생의 마지막에서 분명히 믿음을 보였다. 그리고 베드로는 주님을 위해 죽음을 택하는 믿음을 가진 것을 보였다. 예수님은 부활하시고 마리아를 통해 베드로에게 알리도록 하셨다. 그래서 마리아는 베드로에게 알렸다. 베드로가 언제나 먼저 대답하였는데 그 이유는 확실히 모르지만 대표로 믿음의 고백을 하고 생의 결산으로서 죽기까지 하였다.

믿음의 문제는 마르다에게서도 나타난다. 예수님은 마르다에게 믿음의 질문을 하셨다. 예수님은 형제 나사로에 관한 말씀으로 시작한다. "네 오라비가 다시 살아나리라." 그런데 마르다는 예수님의 말씀과는 거리가 있는 대답을 한다. "마지막 날 부활할 때에는 다시 살아날 줄을 내가 아나이다." 그러나 예수님은 지금 여기의 입장에서 질문하셨다. "나는 부활이요 생명이니 나를 믿는 자는 죽어도 살겠고 무릇 살아서 나를 믿는 자는 영원히 죽지 아니하리니 이것을 네가 믿느냐" 이 질문에 마르다는 확실하게 대답한다. "그러하외다 주는 그리스도시요 세상에 오시는 하나님의 아들이신 줄 내가 믿나이다." 그러나 마르다는 이렇게 대답하였지만 지금 여기서 라는 믿음이 아닌 것으로 보인다. 나중에 일어난 일들을 보면 나사로가 죽은 지 나흘이 되어 냄새가 난다고 하면서 예수님이 무덤의 문을 옮기라고 말씀하시는데도 즉각적으로 반응을 하지 못했고 예수님이 다시 확인한 후에야 문을 연 것을 보면 위에서 한 대답이 지금 여기서의 일로 믿지 않은 것으로 보인다. 이렇게 마르다가 행동한 것은 믿음이 있기는 한데 지금 여기서 일어날 사건에 대해서는 생각지 못한 것으로 보인다.

마르다나 마리아가 생각한 것은 나사로가 아직 살아 있다면 죽도록 아프다고 할지라도 죽지 않게 예수님이 하실 수 있었을 거라는 믿음을 가진 것으로 보이나 예수님이 기대하신 것처럼 지금 여기에서의 믿음을 갖지 못한 것이 분명하다. 그래도 얼마나 귀한가? 마지막 날에는 부활할 것을 확실히 믿고 있었음을 보인 것은 귀한 믿음이다. 이 믿음이 마르다의 결산적 믿음이라고 생각된다.

성경에 여러 사례들이 있지만 그 가운데 한 백부장의 믿음도 빼놓을 수 없다. 예수님께서 가버나움에 가셨을 때 한 백부장이 와서 예수님께 간구하는 믿음을 생각해 본다. 백부장은 자기 하인이 중풍병으로 집에 누워 고생하는 것을 예수님께 고쳐 주시기를 말씀드리었다. 예수님은 분명하게 말씀하셨다. "내가 가서 고쳐 주리라." 그러나 백부장은 믿음을 표현하는 말씀을 예수님께 드렸다. "주여 내 집에 들어오심을 나는 감당하지 못하겠아오니 다만 말씀으로만 하옵소서 그러면 내 하인이 낫겠사옵니다." 백부장의 이러한 믿음의 말은 참으로 결산의 믿음의 표현이었다. 이 말은 예수님의 놀라운 평가에서 백부장의 믿음이 얼마나 큰 가를 나타낸다. 예수님의 말씀은 다음과 같다. "내가 진실로 너희에게 이르노니 이스라엘 중 아무에게서 도 이만한 믿음을 보지 못하였노라." 백부장의 믿음은 천국에 이르는 믿음이었다. 다시 말하면 백부장의 믿음은 결산하는 믿음이었다. 즉 천국에 들어가는 믿음임을 보였다. 예수님은 간단 명료하게 말씀하셨다. “가라 네 믿은 대로 될지어다.” 이 백부장의 믿음은 결국 자기의 하인을 살리게 하는 믿음이었다. 즉시 백부장의 하인이 나은 것으로 결론이 났다.

나는 또 여기서 도마의 믿음을 생각한다. 도마의 믿음도 지금 여기의 맥락에서 이해할 수 있다. 예수님이 가르치실 때에도 가정 직설적인 질문을 했다. “도마가 이르되 주여 주께서 어디로 가시는지 우리가 알지 못하거늘 그 길을 어찌 알겠사옵나이까” 이러한 도마의 질문에 예수님은 현장에서 대답을 하신다. “내가 곧 길이요 진리요 생명이니 나로 말미암지 않고는 아버지께로 올 자가 없느니라.” 예수님은 도마의 결정적인 질문에 대해 대답을 하면서 믿음을 강조하신다. 이것은 예수님의 믿음을 결정적으로 보이신다.

“내가 아버지 안에 거하고 아버지께서 내 안에 계심을 믿으라. 그렇지 못하겠거든 행하는 그 일로 말미암아 나를 믿으라. 내가 진실로 진실로 너희에게 이르노니 나를 믿는 자는 내가 하는 일을 그도 할 것이요 또한 그보다 큰 일도 하리니 이는 내가 아버지께로 감이라.” 도마의 믿음의 질문은 결국 예수님의 믿음의 대답을 듣게 된다. 이 믿음은 단순히 묻고 대답하는 차원을 넘어서 결정적이고 결산적인 믿음의 의미와 역할의 대답을 듣게 된다.

도마는 예수님이 부활하신 후에도 믿음에 대한 질문을 한다. 예수님이 부활하신 후 제자들에게 나타나셔서 평안을 빌고, 제자들을 세상에 보내시면서 성령을 받으라고 말씀하셨다. 그런데 도마는 이 때에 그 자리에 없었다. 거기에 있던 제자들이 예수님을 보았다고 말하자 도마는 믿음의 태도를 보인다. 도마는 사실 의심하였고 예수님의 몸에 있는 못자국을 보기 전에는 믿지 않겠다는 말을 분명히 하였다. 예수님은 8일 후에 다시 제자들에게 나타나셔서 평안을 빌었는데 그 때는 도마도 함께 있었다. 예수님은 도마를 향해 믿음의 말씀을 하신다.

> "네 손가락을 이리 내밀어 내 손을 보고 네 손을 내밀어 내 옆구리에 넣어 보라 그리하여 믿음 없는 자가 되지 말고 믿는 자가 되라.

도마는 예수님의 이 말씀에 대한 대답을 한다. "나의 주님이시요 나의 하나님이시니이다." 이 고백은 도마의 결정적이고 결산적인 믿음을 표현하는 말이다. 그는 훗날 복음을 인도까지 가서 전하는 사람이 되었다고 전해진다. 예수님은 도마를 향하여 또 다시 결정적인 믿음의 말씀을 하신다. "너는 나를 본고로 믿느냐 보지 못하고 믿는 자들은 복되도다." 믿음은 세상을 바꾼다. 물론 한 사람의 생명도 바꾼다. 이렇게 예수님의 부활은 제자들, 특히 도마의 믿음을 굳게 세워주었다. 이 믿음은 지금 여기서 얻은 생명의 믿음이었다. 이 믿음은 도마의 결산하는 믿음이 되기도 하였다.

믿음에 대해서 말할 때에는 히브리서 11장 1절을 나는 반드시 생각한다. "믿음은 바라는 것들의 실상이요 보이지 않는 것들의 증거니." 이 말씀을 읽으면 미래를 현재로 이해하는 결정적 믿음을 이해할 수 있다. 두 가지에 대한 확신이다. 하나는 우리가 바라는 것들의 실상이라는 점과 다른 하나는 우리에게 보이지 않는 것들의 증거를 믿을 수 있다는 점이다. 우리가 바라는 것들의 실상 가운데 하나님의 나라를 실상으로 믿을 수 있으며 동시에 보이지 않지만 실재하는 것을 믿을 수 있다.

이런 점에서 우리는 성경의 말씀들을 믿을 수 있다. 이것이 고백적인 믿음이다. 이러한 믿음을 가진 선진들이 우리에게 믿을 수 있는 유산을 남겨주었고 동시에 우리는 모든 세계가 하나님의 말씀으로 지어진 줄을 믿을 수 있다. 여기서 믿는 자들은 정체성을 확보하여 믿는 자는 하나님의 피조물임을 알게 된다. 믿는 자들은 하나님의 피조물로서 삶의 방향을 확보하고 그 방향 안에서 삶의 가치관을 확보하게 된다. 이 가치관은 통합적 성격을 띄어 삶을 공유하는 기본 가치들과 그것의 근거를 제시하는 근본 가치들과 현실 속에서 응용할 수 있는 현실 가치를 가질 수 있게 된다. 여기서 이러한 내용들을 상세히 알려주는 하나님의 말씀인 성경을 깊이 있게 읽고 이해하면서 하나님을 믿음으로써 하나님의 말씀이 진리임을 고백한다. "하나님의 말씀은 진리입니다"(요 17:17). 그리고 믿는 자는 삶의 방향 확정과 삶의 기준인 가치관을 확보하면서 삶의 덕목들을 발견하여 따라 살게 된다.

히브리서 기자는 하나님의 창조 사실을 믿는 믿음으로부터 시작해서 아벨의 더 나은 제사, 에녹의 죽음을 보지 않는 믿음, 하나님을 기쁘시게 하는 믿음, 자기와 온 집안을 구원하는 노아의 믿음, 하나님을 순종하여 부르심을 받아 땅을 유업으로 받고 생육하고 번성하는 복을 받는 아브라함의 믿음, 그의 후손 이삭, 야곱 등으로 이어지는 놀라운 믿음 등을 보면서 우리가 이 믿음의 대열에 서면 하나님이 내리시는 복을 받게 된다는 확신을 나는 얻는다.

예수님의 사도들을 통해 이어지는 믿음을 이어받으면서 흔들리지 않고 굳게 서고, 우리 앞의 선진들의 결정적이고 결산적인 믿음을 보면서 따라 사는 길을 따라 가려고 한다. 나도 이러한 믿음의 대열에 서서 굳세게 살려고 한다. 그러나 여기서 바울의 탄식과 같이 항상 나의 마음이 약하여 흔들리면서 죄의 길을 따르고 있는 혼동을 겪는다. 나는 여기서 혼동 가운데 있는 상황에서 쉽게 나오지 못하고 있다. 나는 자주 고백하면서도 그 길에서 쉽게 떠나지 못한다. 이것이 나의 아이러니이다. 다시 말하면 하나님의 말씀인 의의 법과 하나님의 말씀을 대적하는 죄의 법을 동시에 따르게 되는 연약한 인간의 삶을 반복하면서, 하나님과 나만이 아는 죄의 고백을 연속하게 된다. 나는 하나님께서 이것을 불쌍히 여기시고 나를 구원해 주시라고 기도한다. 나는 한

번으로 하지 않고, 기회 있을 때마다 기도한다. 이것을 깊게 가르쳐 주신 주님의 기도를 따라 기도한다.

이러한 믿음의 방향을 요약해서 가르쳐 주신 틀이 사도신경/신조이며 매일 매일 바로 서는 믿음을 주신 요약이 주기도이며, 구체적으로 삶의 규칙을 전해주는 내용이 십계명이다. 이 모든 것들은 시대를 따라 변하는 것이 아니고 그것들의 함의는 변함없이 삶에 적용할 수 있게 만든다. 시대를 따라 언어의 의미가 변하지만 하나님의 뜻에 맞추어 서면 삶의 가는 방향이 확실하게 보인다. 그래서 하나님의 말씀은 진리라고 고백하게 된다. 이러한 믿음을 나는 갖기를 소망하며 결산적으로 고백하고 믿음의 삶으로 살 수 있도록 하나님께 기도한다. 이 기도는 나의 삶의 기본이다. 이 기도에 찬송 305 장, 93 장, 171 장, 9 장, 10 장, 196 장 등은 나에게 힘을 실어준다.

믿음이란 신뢰이다. 믿음이란 두 남녀의 결혼에서 극명하게 나타난다. 두 사람 사이는 항상 믿음 즉 신뢰가 문제가 된다. 두 사람이 서로 신뢰하지 못하면 삶이 지탱될 수 없으며 겉으로 지탱된다 하더라도 그것은 껍데기일 뿐이다. 이것은 사는 것이 아니고 그냥 지나는 것이다. 이렇게 된 것은 벌써 결혼이 파기된 것이고 결혼을 유지하는 것이 아니고 같이 있기만 하는 것이다. 그것은 더 이상 결혼 상태가 아니고 결혼할 때 서약/약속은 깨졌고 의미도 없는 삶이다.

결혼의 삶이란 두 사람의 투명성을 보여야 하는 것이다. 서로 비밀이란 없어야 한다. 물론 지켜야 할 약속 외에 하나님과 자기만이 가질 약속은 있을 수 있지만 결혼을 거짓으로 만드는 일은 없어야 한다. 다시 말하면 결혼을 해서 살면서 다른 사람을 마음에 두고 산다고 하든지 결혼 약속 이외의 삶을 사는 것은 이미 결혼을 파괴한 삶이다. 거짓이다. 거짓은 두 사람의 삶의 의미를 망가뜨리는 행위이다. 이것은 불행의 상징이고 실제이다. 두 사람의 삶에 방해가 되는 행위는 완전히 버려야 한다. 그래야 갈등이 있다 하더라도 원점으로 즉 결혼 약속 상태로 돌아올 수 있다. 왜냐하면 기준이 있기 때문입니다. 마치 종교개혁에서 근원으로 돌아가라고 외친 말씀과 같이 기준이 있고 기준을 항상 간직하면 반드시 돌아오게 되어있다. 이렇게 믿음은 신뢰임을 알 수 있다.

믿음은 다른 한 편 하나님과 인간의 신뢰에서 생각할 수 있다. 하나님이 인간을 창조하시고 약속을 하였고 복을 주셨다. 그러나 인간은 하나님의 말씀 즉 하나님의 명령을 순종하지 않았다. 즉 인간은 하나님의 명령을 따르면 삶이 풍요로웠고 번성할 수 있었는데 순종을 하지 않음으로 인하여 불행 즉 죽음을 자초했다. 그래도 하나님은 인간을 불쌍히 여기시고 은혜를 베풀었다. 이것은 전적으로 하나님의 절대적인 자유의 은혜이며 하나님이 그의 신실하심을 보여주신 내용이다. 그래서 하나님은 인간에게 명령을 하신 약속을 정의롭게 지키시고 은혜를 베풀었다. 이렇게 해서 인간은 하나님을 신뢰할 수 있다. 그러나 하나님의 명령을 지키지 않은 인간은 신뢰를 잃었다. 인간은 더 이상 인간을 신뢰할 수 없는 존재가 되었다. 이것이 인간이 가진 원죄이다. 즉 신뢰할 수 없는 존재인 인간으로 전락한 것이다.

그러나 하나님은 다시 인간을 새롭게 대하면서 그의 사랑 아하브를 보여주셨다. 나는 아하브의 의미를 Sandra Teplinsky의 책에서 배웠다. 나는 이 낱말을 통해 신약성경에서 나타난 아가파오와 아가페의 의미를 더 현실적으로 더 깊게 알게 되었다. 이것은 완전히 예수님의 탕자의 비유를 연상하게 한다. 탕자의 아버지를 통해 아하브의 의미를 배우게 되었다. 나는 나의 삶에서 아하브의 의미를 되새김질을 하면서 탕자의 아버지를 본 받고 싶었지만 인간의 마음속에서 작동하는 두 가지 법칙 즉 의의 법과 죄의 법의 중간에서 나의 원죄를 통해 고민하며, 아하바אַהֲבָה -사랑과 하타트חַטָּאת /속죄제 사이에 살면서 헤매고 있는 경우가 너무 많다.

이 때 하나님 아버지는 하나님이시면서 동시에 아버지로서 나를 용서하시고 받아주신다. 그것을 믿고 나는 기도한다. 그리고 예수님이 가르치심 가운데 하나님이 나를 용서하신 것처럼 다른 사람을 용서하라는 말씀도 듣게 된다. 이것 역시 잘 안 된다. 그렇지만 다른 사람이 나에게 한 것을 용서하려고 노력한다. 특히 나이가 들면서 그렇게 하려고 노력하고 있다. 그런데 이것은 신뢰의 문제와 연결되어 있어서 지키려고 노력하고 있다. 내가 신뢰를 잃으면 모든 것을 잃을 수 있기 때문이다. 이미 잃어버린 신뢰를 회복하기는 참으로 어렵다는 것을 깨닫게 된다.

나는 신뢰를 아버지와 아들의 관계에서 보았는데 회복하는 길은 아버지가 먼저 자녀를 신뢰하고 도움을 요청할 때 먼저 들어야 하고 깨진 신뢰를 회복해야 한다는 것을 배웠다. 탕자의 아버지는 바로 이것을 지켰기 때문에 모든 것을 회복할 수 있었다. 하나님은 자기의 독생자를 세상에 보내시어 사람들이 깬 신뢰를 회복하였다. 즉 하나님은 사람들과 언약을 세웠는데 이 언약을 깬 인간을 버리시지 않고 먼저 손을 내 밀어 잡게 하시고 새롭게 그 언약을 지켜 나가기를 바라시고 아하바/아하브처럼 나를 용납하신다. 여기서 나는 새 힘을 얻는다. 이것은 하나님이 나에게 가르치신 행위의 모형이다.

나는 오래 전에 장로회신학대학 시절 국제 학술대회가 있었는데 제 일회에 강사로 초청을 받아 강연을 하게 되었다. 제목은 정확하게 기억이 나지 않은데 만약 남한과 북한이 통일하게 되면 그 후에 어떤 정체성을 가지고 나가야 하겠냐는 물음이었다. 왜냐하면 남한은 자유민주주의이고 북한은 주체사상에 따라 운영되는 정부이기 때문이다. 두 정치 구조를 넘어서는 정부의 정책은 어떤 방향으로 나가야 하겠는가가 강연의 요지이었다. 나는 정치 구조에 대해서 잘 모르고 어떤 방향으로 나갔으면 좋겠는가에 대해서만 생각하게 되었다. 처음에는 내가 북한 주체 사상에 대해 상당히 많은 시간을 보내 연구하기도 했고 교회가 어떻게 대처해야 할 것인가도 상당히 많이 생각했음을 인정하고 그런 질문을 하고 나의 개인적 의견을 묻는 것 같아 북한에 대해 깊이 연구하거나 지식을 갖지 못하고 남한에 대해서도 그렇게 많이 연구하지 않은 입장에서 나의 개인적 의견은 앞으로 어떤 방향으로 나가야 할 것인가에 집중해서 발표하기로 하였다.

이 강연의 핵심은 어떻게 하면 남한과 북한이 함께 같이 더불어 살아갈 수 있겠는가에 초점을 맞추기로 하였다. 나는 네 가지 요소를 제시하였다. 첫째는 신뢰이고 둘째는 공동 먹거리 개발이고 셋째는 미래 공동체 즉 함께 같이 더불어 살아갈 국가의 모습이고 넷째는 함께 같이 더불어 살아가기 위하여 기준이 될 삶의 가치 즉 공유 가치를 제시하였다. 지금 여기서는 신뢰에 대해서만 생각해 본다. 남한과 북한이 가장 먼저 해결해야 할 문제는 신뢰이다. 지금까지 이 신뢰 문제는 해결되지 않고 있다. 이 신뢰를 해결하기 위해서는 통일밖에 없다고 생각한다. 그래서 나는 최근에 통일을 많이 생각하고 있다. 이 통일은 화해와 용서라고 생각하는데 이것도 잘 되고 있는 것 같지 않다. 하여간 내가 간절히 바라고 기도하는 제목은 통일이다. 그래야 갈등이 있더라도 지금의 형국보다는 나을 것이라는 판단이다. 그러면 집단 간의 신뢰는 완전히 해결되지 않더라도 큰 틀에서 신뢰 문제는 없어진다. 그러면 우리나라는 앞으로 나갈 수 있다.

남한과 북한은 신뢰를 회복하지 않을 경우 피차 멸망으로 간다. 주님은 우리에게 서로 사랑하라고 말씀하셨는데 기독교인들이 서로 사랑하라는 주님의 말씀을 지키기 위하여 북한을 사랑하고 함께 같이 더불어 살아가면 좋겠다. 그러면 공동으로 먹거리를 개발하고 함께 같이 더불어 살아갈 나라를 만들 수 있을 것 같고 세계가 두려워할 좋은 나라가 될 것으로 보인다. 우리는 인구도 상당히 많고 능력도 있고 자원도 생기면 세계와의 좋은 관계를 유지하여 잘 사는 나라가 될 수 있을 것으로 보인다. 이 모든 문제는 신뢰 회복을 통해 통일로 가는 길로 들어설 것으로 보인다. 나는 지금처럼 이것을 위해 하나님께 계속 기도할 것이다. 예수님은 나에게 기도하면 이뤄 주시고, 의심하지 않고 믿으면 반드시 이뤄 주실 것으로 나는 믿는다.

그런데 지금 현재 상황은 어둡기만 하다. 북한은 핵무기를 소유하고 그것을 과시하는 행위를 하고 있고, 남한은 그것을 방어하는 노력으로써 훈련을 통해 여러 가지 갈등을 일으킨다는 북한의 대응 행위를 보는 실정이다. 해결의 기미가 보이지 않는다. 바울의 탄식을 여기서도 듣는다. "오호라 나는 곤고한 사람이로다." 나라의 지도자들이 이 탄식을 하고 있는지 아니면 정권 연장을 위해서나 정권 교체만 노력을 하는지 알기 어려우나 우리나라는 대단한 잠재력을 가지고 있으면서 소위 강대국이라는 나라들의 비협조적 노력을 보고 있다. 강대국들은 그 어떤 나라도 자국의 이익을 포기하면서 우리나라를 돕지 않을 것이다. 그래서 아무 나라도 전적으로 신뢰할 수 없다. 그들은 지난 역사를 통해 보여주었고, 그들이 다스리거나 묵인으로 인해 우리나라는 어려움을 겪었다. 이것을 망각하면 또 다시 슬픔의 역사를 만들 수밖에 없다고 나는 생각하고 있다.

신뢰를 지탱 지속하기 위해서는 투명성이 필요하다. 물론 모든 것을 훤히 볼 수 있게 할 수는 없지만 신뢰를 잃을 수 있지 않을 정도는 유지해야 한다. 신뢰를 잃지 않는 투명성은 확실하게 보장이 되어야 신뢰를 지탱 지속할 수 있기 때문이다. 상처를 내기 전까지는 별 문제가 아닌 것처럼 보이지만 일단 상처가 나면 어떤 상처를 도저히 고칠 수 없는 경지에까지 이를 수 있게 되기도 한다. 신뢰도 쉽게 회복이 될 수 있는 것도 있겠지만 일단 신뢰를 잃게 되면 어떤 것은 회복이 불가능한 경우도 생긴다. 일단 신뢰를 잃으면 그 다음은 의심부터 받게 되고 사사건건 이것을 믿어도 되는가 라는 의문을 갖게 된다.

나는 두 번의 경우에 아내와 신뢰문제가 생겼다. 하나는 딸이 아파서 한양대학 병원에 입학했을 때인데 어떤 여자가 찾아와서 무슨 말을 아내에게 한 모양이다. 나는 그녀를 대학 때 보고 처음이었고 아내와는 아는 사이였다. 아내는 나와 그 여자의 사이를 의심한 모양이다. 이 관계를 아내의 책 『사랑하며 살래요』에 게재되었다. 사실 아무 관계도 아닌데 왜곡되게 게재되어 있다. 아무리 말을 해도 듣지 않는다. 지금은 이해하는 것 같지만 나는 기분이 그렇게 좋지 않았다. 이렇게 내가 의심을 받는 사람인가에 대해 생각하면 대단히 불쾌하고 불행하게 생각된다.

또 다른 경우이다. 내가 대학 때 한 여자에게 사귀자는 말을 하고 프로포즈를 한 적이 있다. 사실 그 자리에서 나는 거절을 당했는데 이것을 결혼 전에 아내에게 말하였다. 그런데 결혼하고 오랜 세월이 흘렀는데 아내가 나갔다 오더니 기분이 좋지 않게 나에게 말한 적이 있다. 그 여자에게 내가 친구로 지내자고 했다는 것이다. 나는 분명히 아니라고 하고 만난 적이 없었다고 주장했지만 믿지 않은 것 같았다. 또 얼마를 지나 아내는 그 이야기를 또 말하고 그런 줄 알았으면 결혼 안 할 것인데 그랬다고 말했다. 그러면 언제 만나서 내가 그 사람에게 그런 말을 했는지 말하라고 하니까 내가 그 여자가 다니는 교회에 가서 통역을 했는데 그 때 만났다는 것이다. 너무나 황당한 이야기였다. 그 여자는 자기를 변호하기 위하여 나를 만났다고 한 모양이다. 그러나 그런 일이 없었다. 이 말을 하게 된 근거는 이렇다. 1975년경에 내가 새문안 교회 안에 있었던 서울 장신대학교(현재 명칭)의 전신인 신학교에서 강의를 했는데 갑자기 어떤 학생이 오더니 쪽지를 하나 주어서 보니 전화 번호를 주고 전화를 하도록 했다. 내가 쉬는 시간에 전화를 했다. 전화를 내가 걸어서 그 여자가 받고 간단히 말한 후 강의 시간이 되어 곧 끊으려 하는데 나를 어떻게 생각하느냐는 질문이었다. 그 여자는 정신이상자라고 생각된다. 그래서 친구로 지내지요 라고 대답을 했고, 한 번도 만난 적이 없다. 그것이 전부라고 말을 하는데도 아내는 액면 그대로 믿지 않은 것 같았다. 나는 내가 신뢰할 수 없는 사람인가 라는 질문을 스스로 하면서 슬픈 마음이 들었다.

나는 결코 신뢰를 잃을 일을 하지 않았다. 이것은 하나님 앞에서 살려고 한 나 자신에 대한 고백이다. 사람이 이중적인 생각을 하거나 삶을 유지하는 것은 결코 감춰지지 않는다. 나도 아내에 대해 신뢰의 문제를 제기한 것은 최근의 일이다. 앞에서 정신이상자와의 관계에서 아내와의 신뢰문제를 거론한 내용과 같기 때문에 여기서는 생략한다.

믿음은 행하는 것이다.

나는 믿음이 행위라는 말로 표현하고 싶다. 야고보 선생이 예수님의 동생으로서(육신적으로) 밝힌 내용이다. 이 말은 행위가 곧 믿음이라는 말은 아니다. 다시 말하면 믿음은 행위로 온전하게 완성해야 한다는 말이다. 즉 믿음은 행위로 보여야 한다는 말이다. 그러기 때문에 행위가 없는 믿음은 거짓이거나 완성을 보지 못하는 것임을 밝히는 말이다. 나는 여기서 예수님의 말씀을 생각한다. 마태복음 5장 43절 이하에서 예수님은 온전함에 대해 언급하시면서 믿음의 완성을 보여주었다.

옛 사람들은 이웃은 사랑하지만 원수는 미워하라고 했는데 예수님은 이 말을 정정하여 이웃은 물론 사랑하지만 원수도 사랑해야 한다고 말씀하셨다. 이것이 온전함이라고 예수님은 말씀하신다(마 5:43-48). 온전함은 행위를 하는 것 즉 지키는 것을 의미한다. 이것은 예수님이 명령어로 표현하신다. “온전하라.” 만일 우리가 예수님을 구주로 믿는다면 온전해야 한다 즉 그렇게 순종할 수밖에 없다. 원수도 사랑해야 한다. 이것은 쉽지 않다. 혹시 골방에서 기도할 때나 혼자 기도할 때는 쉽게 가능할 것처럼 보이지만 지금 여기의 현실에서는 대단히 어려운 경우가 많다. 특히 나는 그렇다. 실제로 경험하지만 얼마나 어려운지 모르겠다.

하나님께서 십계명을 주시면서 명령어를 사용하셨는데 이스라엘 백성은 그 명령을 순종하지 않은 경우가 많았다. 순종할 경우 평안을 누렸지만 순종하지 않을 경우 어려움을 당했다. 이것을 경험하고 얼마 동안은 잘 지켰으나 다시 그 순종을 잊고 하나님을 배반하여 고생한 역사를 되풀이하고 있다. 최근에 듣는 정보를 보면 이스라엘은 하나님의 말씀을 철저하게 가르치고 배우고 지키도록 하지만 그렇게 순종하지 않은 경우가 많다고 한다. 나도 그렇다. 하나님의 말씀을 지키면 번성할 것을 알면서도 그렇게 하지 못한 것을 마음 아프게 생각한다. 오호라 라고 외칠 뿐이다. 누가 이 어려운 삶에서 건져 주실 것인가? 탄식만이 있는 경우가 많다. 말년에 오면서 죽음을 향한다는 인식을 분명히 하면서도 포기하지 못한 것이 너무 많다. 욕심을 버리지 못한다. 죄를 범한다. 하나님께서 아버지로서 나를 영접해 주시기를 빈다.

믿음은 하나님을 본받는 것이다.

하나님은 언제나 인간보다 먼저 행위를 하셔서 본을 보여주신다. 이것이 하나님의 은혜로우신 행위이다. 이 행위는 하나님의 절대적 자유에서 나온 행위이다. 누가 강제로 시켜서 하는 행위가 아니다. 이 하나님의 자유로운 행위를 본으로 삼고 우리가 행위를 해야 하는데 인간이 그렇지 못하다는 것이다. 물론 이것은 원죄의 원인이 있기는 하지만 명령을 하신 것은 온전하지 않더라도 행위를 할 수 있다는 것을 알게 하는 부분이다. 인간이 할 수 없는 것을 만일 명령한다면 하나님은 인간을 사랑하시는 것이 아니다. 만일 인간이 행위를 할 수 없다면 행위를 할 수 있는 여건을 만들어 주시고 행위를 하도록 하신다.

이것을 하나님이 잘 보여주신 것이 예수님을 세상에 보내셔서 인간과의 관계를 회복하는 과정을 보여주셨다. 이것이 하나님께서 인간으로 하여금 행위를 할 수 있는 결정적인 본보기를 보여주신 하나의 가장 큰 실례라고 나는 생각한다. 정말로 인간이 아무것도 의로운 행위를 할 수 없을 때 자기의 아들 예수님을 세상에 보내셔서 인간이 행위를 할 수 있는 환경을 만드시고 행위를 하도록 하셨다. 이것을 가능하게 하는 끈은 믿음이다. 하나님을 믿지 않고는 이러한 환경을 결코 접할 수 없다. 이스라엘 백성의 역사를 보면 처음부터 하나님께서 이스라엘 백성에게 먼저 행위를 할 길을 제시하시고 그 본에 따라 이스라엘 백성에게 행위를 하도록 안내하셨다. 그런데 그렇게 하지 못한 이스라엘 백성들은 고난을 경험하게 되었다. 이 과정이 구약성경의 내용이다.

신약성경도 마찬가지이다. 하나님의 아들이신 예수님이 먼저 본을 보이시고 인간들이 그대로 행위를 하도록 하였지만 인간들이, 특히 예수님과 함께 한 제자들도 합당한 행위를 하지 못했다. 어느 날 선생과 주이신 예수께서 제자들의 발을 씻으면서 너희도 그렇게 하라고 본을 보이신 것을 분명히 말씀하셨다. 그런데 제자들은 선생과 주가 십자가의 죽음을 향해 가는 노상에서조차 다툼을 자주 하였다. 또 제자 중에 형제가 있었는데 영광을 받을 때 좌우의 자리를 달라고까지 하였다. 또 다른 10 제자들은 질투하였고 비난하였다. 성경 여러 곳에 이와 같은 내용을 볼 수 있다. 그러나 성경은 으뜸이 되려고 하는 것을 해결하는 방법을 제시한다. 예수님은 분명하게 해결 방법을 제시한다.

> "…너희 중에 누구든지 크고자 하는 자는 너희를 섬기는 자가 되고 너희 중에 누구든지 으뜸이 되고 자 하는 자는 모든 사람의 종이 되어야 하리라. 인자가 온 것은 섬김을 받으려 함이 아니라 도리어 섬기려 하고 자기 목숨을 많은 사람의 대속물로 주려 함이니라"(막 10:43~45).

이 말씀은 우리가 행위를 할 본이다. 이것을 예수님은 우리에게 본 받으라고 명령하신다. 이 길이 우리가 한 마디로 십자가를 지는 길이고 제자의 길이고 행위의 본이고 복을 받는 길이다. 예수님이 우리의 본일 뿐 만 아니라 스승이시고 주이시다. 다른 말로 하면 이 예수님이 우리들이 따를 멘토이고 대 스승이다. 이 예수님을 잘 표현한 찬송이 93장이다. 성경은 시편 18:1~3과 23편이 예수님의 인도하심을 본받는 데 도움이 됀다.

본에 관한한 바울을 생각하게 된다. 바울은 이렇게 말한다. "내가 그리스도를 본받는 자가 된 것 같이 너희는 나를 본받는 자가 되라"(고전 11:1). 구체적으로 밝힌 내용은 오늘날 많은 사람들이 반대를 하고 있지만 당시의 사회에서 진행되는 관습을 정리하는데 큰 공을 세웠다고 생각한다. 그 점에서 본이 될 수 있다. 그러나 인간의 말은 시대가 지나면서 해석되어야 하기도 하고 수정되어야 하기도 한다. 그러나 그 속에서 하나님의 말씀은 전해진다. 특히 성령의 은사에 대한 말이나 믿음에 대한 말은 아무도 거부할 수 없을 것이다.

여기서 은사와 믿음에 대한 말을 잠시 생각해 보고자 한다. 은사를 바울은 잘 설명함으로써 교회에 혼란을 일으킨 상황을 잘 정리하였다. 바울에게 있어서 은사는 성령의 은사이었다. 우선 성령의 도움이 아니고서는 예수를 주라고 시인할 수 없다는 것을 알려준다. 그리고 성령은 은사의 핵심으로서 모든 사람에게 각기 달리 나타난다. 어떤 사람에게는 지혜의 말씀을, 어떤 사람에게는 지식의 말씀을, 어떤 사람에게는 병고치는 은사를, 어떤 사람에게는 믿음을, 어떤 사람에게는 능력 행함을, 어떤 사람에게는 방언을 등 주어진다. 이러한 은사들이 교회를 어지럽게 하는 것을 방지하도록 바울은 가르쳤다. 서로 보완하면서 분쟁이 일어나지 않고 교만하지 않을 것을 바울은 본 받으라고 한다.

우리는 바울의 믿음에 대해서 보기로 한다. 바울은 다음과 같이 말함으로써 믿음에 대한 자기의 입장을 분명하게 밝히고 있다.

> "복음에는 하나님의 의가 나타나서 믿음으로 믿음에 이르게 하나니 기록된 바 오직 의인은 믿음으로 말미암아 살리라 함과 같으니라"(롬 1:17).

우리가 주님을 구주로 믿는다고 말할 때 첫째, 그리스도 예수 안에 있는 속량으로 말미암아 하나님의 은혜로 값없이 의롭다 하심을 얻은 자가 되었다고 바울은 선언한다. 둘째, 예수 그리스도를 믿음으로 의롭다 하심을 얻는다고 바울은 선언한다. 셋째, 이 믿음은 모든 사람에게 차별이 없이 의롭다고 하실 분이 오직 하나님 한 분 뿐이심을 믿는 것이다. 이것은 아브라함에게서 분명하게 보여주는 내용이다. 아브라함이 하나님을 믿으매 의롭다 함을 얻었다. 행함으로 의롭다 함을 얻지 못했다. 그런데 야고보는 행함이 없는 믿음은 죽은 믿음이라고 말하면서 약간 혼동을 일으키는 표현이 있으나 믿음을 온전하게 하려는 표현을 한 것이라고 생각한다. "믿음이 그의 행함과 함께 일하고 행함으로 믿음이 온전하게 되었느니라" 라고 야고보는 말한다. 그래서 "행함으로 의롭다 하심을 받고 믿음으로 만은 아니니라"고 말한다. 이 말씀 때문에 행함으로 의롭게 된다고 이해할 수 있으나 앞뒤 맥락을 보면 믿음이 행함으로 표현될 때 즉 일을 할 때 온전히 의롭게 된다는 의미이다. 이렇게 해서 행함이 없는 믿음은 죽은 믿음이라고 야고보는 말하는 것으로 보인다.

예수님이 계명을 주실 때 그것을 지키지 않으면 예수님을 믿는다고 해도 온전한 믿음이 아니라고 이해할 수 있다. 계명은 지켜야 살고 지키지 않으면 온전하지 못한 것이 된다. 야고보가 기생 라합이 행함으로 의롭다 함을 받은 것으로 표현한 것 같지만 그 행위도 믿음을 온전하게 이루는 것으로 보아야 한다. 내가 이렇게 말한 것은 주님을 구주로 믿을 때 주님의 뜻에 합당한 행위를 해야 한다는 것을 의미한다. 나는 기도할 때 그리스도인 다운 행위를 할 수 있게 해 주시라고 반드시 말한다. 그러나 나는 자신을 살펴보니 죄 덩어리임을 알게 되었다. 그동안 너무 뻔뻔하게 말하고 행동하고 그래서 그리스도인 답지 않게 된 것을 회개한다. 하나님께서 불쌍히 여기시고 받아 주시라고 기도한다. 탕자의 아버지 같이 두 팔을 벌리고 죽음에 해당하는 나를 받아서 가족으로 삼아 주시라고(아하브) 기도한다. 왜 예수님이 기도하실 때 하늘을 보고 기도하기도 했지만 대단히 심각한 십자가 전에 기도할 때 땅에 머리를 데시고 기도하셨을까 생각해 보았다. 탕자가 아버지에게 돌아와 고개를 들지 못하고 말했고(기도), 니누웨 성이 기도할 때 재를 쓰고 무릎을 꿇고 기도한 모습들을 보면 하나님 앞에서 회개는 겸손한 자세로 해야 한다는 것을 생각했다.

바울은 나를 본받으라고 하면서 분명하게 가르친 두 가지가 더 있다. 더 많이 있지만 내가 말하고자 한 것은 두 가지가 더 있다. 하나는 성찬식을 전하는 본문이고, 다른 하나는 하나님의 나라에 들어갈 믿음을 말한 본문이다. 성찬식 본문은 대단히 중요한 내용을 언급하고 있다. 즉 먹는 과정을 상세하게 언급하고 교회를 어지럽게 하는 행위에 대해 꾸짖기도 한다. 교회에 모일 때 유익이 못되는 행위는 해롭다고 말하고 분쟁이나 파당을 일으키는 사람도 합당하지 않고 먼저 먹거나 빈궁한 자들을 부끄럽게 하는 행위를 금한다. 그래서 사람이 자기를 먼저 살피고 난 후에 빵을 먹고 잔을 마시라고 권고한다. 분별하지 않고 먹고 마시는 사람은 자기의 죄를 먹고 마시는 것이라고 바울은 엄중하게 말한다.

바울은 믿는다고 말하면서도 하나님의 나라를 들어갈 수 없는 사람들에 대해 분명하고 직접적인 표현을 하고 있다. 물론 나는 바울이 말한 내용이 지금도 유효하다고 믿으며 여기에 옮겨 보기로 하겠다.

"불의한 자가 하나님의 나라를 유업으로 받지 못할 줄을 알지 못하느냐 미혹을 받지 말라 음란하는 자나 우상 숭배하는 자나 간음하는 자나 탐색하는 자나 남색하는 자나 도적이나 탐람하는 자나 술 취하는 자나 후욕하는 자나 토색하는 자들은 하나님의 나라를 유업으로 받지 못하리라"(고전 6:9~10).

이렇게 바울이 하나님의 나라에 들어갈 수 없는 사람들을 열거하면서도 하나님은 그의 아하브/아가파오를 통해 길을 열어 놓으심을 전한다. 이런 일을 했다 하더라도 주 예수 그리스도의 이름과 우리 하나님의 성령 안에서 씻음과 거룩함과 의롭다 하심을 얻으면 하나님의 나라에 들어갈 수 있다고 한다. 즉 믿음을 가지면 하나님의 나라에 들어갈 수 있다고 바울을 말한다. 이 믿음은 행함이 있는 온전한 믿음으로 이해된다. 위에서 열거되는 죄들을 제거하는 행위도 온전한 믿음 가운데 속한다고 볼 수 있다. 예수님은 이런 사람들로 하여금 온전한 믿음을 갖게 하신다. 즉 예수님의 말씀의 내용은 하나님이 온전하시니 본을 삼아 온전한 믿음을 갖고 하나님의 나라에 들어가라는 말씀이라고 나는 생각한다. 로마서에서는 이러한 행동들은 하나님께 합당하지 못한 행위들로서 사형에 해당한다고 전한다(롬 1:32).

나는 바울을 보면서 자기가 죽을 수밖에 없는 죄인이라고 고백함을 본다. 그러면서도 그가 희망을 가지는 것은 주님을 그리스도로 믿는다는 점이다. 바울은 우리에게 이 점을 본받으라고 말하는 것으로 나는 생각하고 기도한다. 그러나 나의 속을 깊이 내가 들여다보면 바울처럼 용기 있게 말하지 못하겠다. 나는 사람들에게 나를 본받으라고 말하기보다는 나 자신을 의롭다 하시는 예수님의 음성을 들을 수 있는 사람이 되려고 노력한다. 이제 나는 말년이 임하면서 오직 나를 다스리는 행위를 주로 하려고 노력한다. 그 이상은 탐욕이라고 생각한다. 내가 어떤 모임에 가던지 그런 느낌을 받는다. 내가 지금 나서서 남을 가르치고 어떤 본을 보이고 인도하려는 행위를 하는 것은 절대 금물임을 알게 되었다. 그러니 어디 나서지 말고 조용히 듣는 자세를 확보해야 하겠다는 생각을 가지고 산다. 그러나 어떤 경우에는 나도 모르게 나서서 말하려고 한다. 이제 나는 자신을 돌아보고 겸손하게 살라고 자신을 경고하면서 지내려고 한다.

믿음은 인도(leadership)이다.

나는 인도를 목회라고 보고 다른 말로 리더십이라고 생각한다. 우선 나는 리더십의 의미를 성경에서 찾는다. 즉 리더십의 의미를 하나님의 아하브/아하바에서 찾는다. 우선 그 말의 의미를 살펴보기로 한다. 이 낱말은 Sandra Teplinsky에게서 배워서 사용한다. 즉 아에서 힘, 희생, 종의 리더십을 찾고, 하에서 아버지의 열린 팔로 용납하고 받아들이는 것을 배우고, 브에서 가정, 식구로 맞는 의미를 배운다. 이러한 의미를 살피면서 종의 리더십이 기독교의 목회적 의미라고 배워서 종합적으로 인도라는 의미를 찾는다.

하나님은 자기 아들을 세상에 보내셔서 인도라는 개념을 보여주셨고 실천하셔서 본을 보여주셨다(요 10:16). 하나님은 아들 예수님과 함께 성령을 보내셔서 사람들을 진리 가운데로 인도하게 하셨다(요 16:1). 이러한 리더십은 삼위일체 하나님의 리더십이고 그 의미는 성령이 진리이신 예수님에게 우리를 인도하시며 하나님과 그의 아들 예수님에게서 듣고 배운 것으로 사람들을 인도하신다. 성령이 인도하시는 목표는 진리를 알게 하는 것이다. 진리를 아는 것은 진리이신 예수님을 알도록 인도하신다는 의미이다. 이렇게 해서 진리로 집중된다.

예수님은 자신이 진리이면서 진리에 대해 증언하기 위하여 오셨다. 예수님은 빌라도 앞에서 이 내용을 증언하였다. 그러나 빌라도는 이 진리가 무엇인지를 몰라 진리와 마주하면서도 결국 "진리가 무엇이냐" 라고 진리 자신에게 질문을 하였다. 예수님은 빌라도에게 심문을 받기 전에 하나님 아버지께 기도를 하였다. 즉 예수님께 하나님 아버지가 주신 모든 사람들에게 진리로 거룩하게 해 주시라고 기도한다. 그리고 하나님 아버지가 아들을 세상에 보내신 것처럼, 예수님도 아들로서 아버지가 주신 사람들을 세상으로 보낸다고 말씀하신다. 목적은 그들로 하여금 진리로 거룩함을 얻게 함이었다. 핵심은 진리에로 인도하는 것이었다. 이 인도함은 하나님께서 거룩하게 하심을 얻는 길이었다. 이 인도함은 따르는 것을 기대하고 예상하며 연결고리가 생긴다. 이 인도함을 통해 진리에 이르게 하고 거룩함까지 얻는다. 여기서 거룩함은 성화를 의미하며 인간의 힘과 노력으로 성화를 이루는 것이 아니라 하나님의 은혜로 이루는 모습이다. 인간은 의롭다 인정을 받으며 성화를 이루어 거룩한 성화의 삶을 살게 된다. 이것은 내가 거룩하니 너희도 거룩하라는 의미이다. 즉 내가 너희를 거룩하게 하였으니 거룩하게 살라는 의미이다. 이것은 성령을 따라 행하는 것 즉 사는 것을 의미한다. 이것을 바울은 성령의 인도하심이라고 말한다(갈 5:18).

이러한 인도 즉 리더십은 힘(Strength)이 따라야 한다. 그런데 이 힘은 나의 힘이 아니다. 하나님이 주신 힘이다. 시편 기자는 이렇게 노래한다. "나의 힘이신 여호와여 내가 주를 사랑하나이다." 이 말씀을 이해하는 데는 찬송 93장이 많은 도움을 준다. 이 찬송을 부르면 이 힘은 하나님의 아들 예수님이심을 알게 된다. 여기서 하나님과 아들 예수님이 힘에서 겹치게 된다. 이렇게 해서 진정한 기독교의 힘은 하나님의 힘이며 예수 그리스도의 힘이다. 그리고 이 힘을 얻도록 인도하는 이는 성령이다. 바로 이 성령이 힘을 얻게 인도한다.

삼위일체 하나님은 힘으로서 사람들이 힘을 얻도록 인도하신다. 바로 이 인도하심을 통해 하나님과 함께 하도록 한다. 이것은 시편 23편을 통해 알 수 있다.

“여호와는 나의 목자시니 내가 부족함이 없으리로다. 그가 나를 푸른 초장에 누이시며 쉴만한 물 가으로 인도하시는도다. 내 영혼을 소생시키시고 자기 이름을 위하여 의의 길로 인도하시는도다. 내가 사망의 음침한 골짜기로 다닐찌라도 해를 두려워하지 않을 것은 주께서 나와 함께 하심이라. 주의 지팡이와 막대기가 나를 안위하시나이다. 주께서 내 원수의 목전에서 내게 상을 베푸시고 기름으로 내 머리에 바르셨으니 내 잔이 넘치나이다. 나의 평생에 선하심과 인자하심이 정녕 나를 따르리니 내가 여호와의 집에 영원히 거하리로다”(시 23편).

위에서 아하브의 리더십은 사랑의 리더십으로 표현되었다. 그러한 리더십은 나를안위하시고 상을 베푸시고 기름으로 머리에 바르시는 리더십이다. 또 그 리더십은 사람들을 위해 희생하며 섬기며 죽음까지 달게 받는 리더십이다. 그것이 예수님께서 십자가를 지시고 죽으심으로 보여주셨다. 이것을 가장 근접하게 보여주신 내용이 누가복음 10장 25~37절에서 잘 보여준다.

지도력으로 번역될 수 있는 리더십은 집단을 대표하며 인도하는 데서 나타난다. 구약성경에서는 대표적인 사람을 든다면 히스기야와 요시야라고 할 수 있다. 이들은 나라를 인도하는 왕으로서 리더십을 가지고 인도하였는데 하나님이 좋아하셨다. 그보다 더 한 사람들은 요셉과 다윗왕이다. 요셉은 총리로서, 다윗은 왕으로서 리더십을 보였다. 그러나 이들은 항상 하나님과 동행하여 하나님의 종의 리더십을 따라 행했다. 하나님은 절대적인 자유로우심과 신실하심과 의로우심을 은혜 가운데 녹여 사랑으로 변화시키는 리더십을 보여주었다. 이것을 배운 다윗과 요셉은 생명을 살리는 일을 하였다. 이렇게 해서 리더십은 사람들을 사랑하고 그들의 생명을 살리는 일을 하였다.

최근에 세상에서 LTE 라는 말을 듣는다. 이것은 Leadership, Technology, Education의 앞 글자를 따서 만들었다. Leadership은 인도, 가이드, 이끌어 감 등 다양한 의미가 포함되어 있으나 요약하면 인도함이라고 할 수 있다. 행정이 정책을 실천하여 일을 완성하고 일이 되게 하는 일을 하는 것이라면 바로 여기 리더십이 일이 되게 하는 인도이다. 이것은 많은 경험을 통해 최근에 이러한 리더십을 주장하고 나서는 사람들이 많이 있다. 팀에 팀장이 있고 동네에 이장이 있고 국가에 대통령이나 최고 경영자가 있다. 삶의 경험을 통해 확실히 리더십이 필요함을 느낀다. 삶을 존중하고 사랑하며 바른 길로 인도하는 리더십은 현재와 같은 혼란을 바로잡을 것으로 생각된다.

Technology는 기술이라고 번역할 수 있다. 실제 삶에서 보면 기술은 먹거리를 표현한다. 이 먹거리는 다양하겠지만 생명을 이어 가는데 필요한 수단이라고 생각한다. 오늘날 가난을 극복하고 행복을 추구하면서 리더십이 너무 물질적인 부분에 치중하므로 정신적 먹거리를 요구하기도 한다. 정신적 먹거리는 진리이며 Technology의 T를 Theology 로 바꾸어 두 가지 의미를 가지는 것으로 이해하여 물질적 의미와 정신적 의미를 갖는 것으로 하면 어떨까 생각한다. 이것은 우리의 삶의 먹거리가 다양하며 균형 있는 삶을 이루었으면 어떨까 도 생각해 본다. 기술은 날로 발전하는데 정신적 길로 인도하는 신학은 사람들을 오히려 어지럽게 하고 다른 길로 가게 하는 느낌을 갖게 한다는 느낌도 있다. 신학의 핵심은 하나님이며, 규범은 성경이라고 생각된다. 그러므로 모든 면에서 하나님이 주관하시며 인도하심을 믿고 항상 성경을 기준으로 하여 사고를 하고 인도하면 좋은 리더십을 갖게 할 것으로 생각된다. 물론 성경도 정리하여 삶의 기준으로 삼아야 하겠지만 전체적으로 보면 하나님이 인도하시는(나할, 나하) 내용을 일관되게 유지하고 있음을 알 수 있다. 그러므로 우리가 성경을 하나님의 말씀으로 믿고 따른다면 하나님의 관점에서 정리가 되고 일관성을 갖게 된다. 인간의 생각으로 평가하고 비평한다면 모순되는 부분이 많이 보인다. 그러나 하나님 편에서 보면 일관성을 가지고 바르게 정리가 된다. 그렇다면 이런 고백도 할 수 있다. 즉 "당신의 말씀은 진리입니다."

E는 education의 앞 글자에서 왔다. 우리나라는 교육열이 높은 나라이고 이 교육으로 인해 한국이 급성장할 수 있었다고 평가하기도 한다. 물론 나도 그렇게 인정하지만 교육과 거기에 따른 근면 성실한 노력이 따라 주었다. 지금은 그렇지 않은 것 같지만 현재로서 머리와 기술력을 가지고 발전하는 것이라는 말도 긍정한다. 하여간 세계가 한국을 주목하고 한국과 한국인을 연구하는 사람들도 있지만 사람의 능력과 노력이 발전에 기여

하고 있음은 분명하다. 왜 그런가는 여러 가지 원인이 있겠지만 한국인에게 열심이 작용하는 것은 틀림이 없는 것으로 보인다.

교육은 신분 상승에도 크게 기여한다. 그런데 예를 들면 자동차 운전 기술을 배워 면허증을 받는데 보면 빨리 빨리가 작용하여 자격증을 받는다 해도 운전을 실제로 하지 못하는 사람들이 있다. 그것은 자격증을 받는 데는 잘 했지만 실제 도로에서 운전하기까지는 모자라기 때문이다. 물론 도로 주행도 포함되어 있으나 충분하지 않을 경우가 많다. 또 운전 면허증을 받기 위해 앞으로 나가는 것만 배우는 경우가 많다. 그러나 충분히 주차 연습도 하고 안전을 지키는 훈련도 하고 주위를 살피는 연습도 해야 할 것 같다. 다시 말하면 운전하는데 필요한 종합적인 훈련이 먼저 필요하다는 말이다.

교육도 충분한 시간이 필요하다. 또 교육이 실제 현장에서 효력을 낼 때는 모든 사람에게 유익이 되었으면 좋겠다. 이것은 교육에 윤리적 측면이 반드시 함께 해야 한다는 의미이다. 이 점은 곧 다시 생각하려고 한다. 그래서 여기서는 생략한다.

기술 교육은 가능하면 첨단교육, 높은 수준의 교육이 필요한데 전에는 많이 모자랐지만 지금은 선진 교육을 받은 사람들이 많이 있는 것 같다. 그렇지만 지금은 세계적 직업이 열려 있어 한국으로 귀국하기보다는 더 좋은 조건을 수용하여 정착하는 경우가 많고 한국에 돌아왔을 때 작업 환경이 열악하거나 원하는 만큼 미치지 못할 경우 들어오지 않고 보수나 실천을 하는 조건을 포함하는 물질적 지원이 원하는 만큼 도달하지 못하면 들어오지 않는 경우도 있을 것 같다. 그러나 상당수는 나라를 사랑하고 돕기 위해 많은 희생을 하고 귀국하여 헌신하는 분들도 있다. 이것은 각자의 결정에 따를 일이다. 그럼에도 불구하고 한국에 귀국하여 안정적으로 연구와 교육을 재생산했으면 하는 생각이 많다.

이제 한국은 인구 감소가 빠르게 진행되고 있고, 필요한 교육이 따라 갈지 모르겠지만 낙관적인 생각은 할 형편이 아닌 것으로 느낀다. 그렇지만 다민족 시대에서도 한국의 전통이 이어졌으면 좋겠다. 이만큼 성장한 한국이 빈부의 격차를 벗고 신분 상승의 기회도 더 많이 있었으면 좋겠지만 이것 또한 기대하기 힘들어 보인다. 나는 바로 한국에서 가장 열악한 환경에서 성장하여 이만큼 온 것은 전적으로 하나님의 은혜라고 믿는다. 그러므로 거저 받았으니 거저 주라는 주님의 말씀을 듣고 있지만 별로 줄 것이 없어서 항상 부끄럽게 생각한다. 나는 개인적으로 가난을 면하였지만 남을 돕는 데는 잘 하지 못한다. 그런데 내 아내는 기회만 있으면 돕는 일을 하니 다행이다. 나는 이만큼의 교육을 통해 전달하려고 노력하였고 지금도 계속해서 도움을 주려는 노력을 한다. 이것은 죽을 때까지 계속될 것이다. 힘이 있을 때까지 이 측면에서는 계속 노력을 할 것이다.

최근에 이러한 노력을 보충하기 위하여 ESG 라는 정책을 주창하는 경우가 많다. E는 Environment 의 앞 글자를 따서 만든 글자이다. 다시 말하면 환경에 관심을 갖고 보호하는 차원에서 모든 것이 이뤄져야 한다는 것이다. 리더십은 기술을 개발할 때 환경을 고려하여 개발해야 하고 교육은 환경을 중시하고 보호하는 교육을 해야 하고 모든 사람들이 이러한 방향에서 참여해야 한다는 일종의 정책 방향을 제시하는 용어라고 생각된다.

S는 Social의 앞 글자를 따서 만든 글자이다. 굳이 해석한다면 사회적 이라는 말로 이해할 수 있다. 다시 말하면 사회에 공헌을 할 수 있어야 한다는 의미로 이해된다. 개인적/사적 이익 만을 추구하지 말고 사회에 공헌을 하여 모두에게 유익한 일이 되어야 한다는 정책적 용어로서 리더십은 사회적 공헌에 관심을 가져야 하고 기술 발전도 이 점에 관심을 가져야 하고 교육도 이 점에 관심을 가지고 이뤄져야 한다는 의미로 파악된다.

G는 governance의 앞 글자를 따서 만든 글자이다. 이 용어는 제도적 의미라기보다는 포괄적인 사회적 의미를 포함하고 있다고 생각된다. 이 의미는 윤리 경영이라는 의미가 있는데 외형적 기술과 함께 경영에서도 정신적인 의미를 포함한 윤리적 의미가 있다고 하겠다. 요즘 갑질에 대한 논의가 많고 그것을 막으려는 노력이 국가적 차원에서 논의되고 있고 빈부의 격차도 줄이려는 노력과 환경을 보호하려는 차원도 포함된다. 리더십은 자체가 윤리적 경영에 관심을 가져야 하고 기술 발전에도 이 요소

가 분명하게 포함되어야 하며 교육도 확실하게 윤리적 경영을 할 수 있도록 이뤄져야 한다는 의미가 포함되어 있는 정책적 요소라고 할 수 있다.

나는 개인적 전공 분야에 속하는 부분이어서 계속해서 주장하고 이 점이 실천되도록 교육을 했지만 실천적 측면에서는 윤리적 요소가 이행되기는 어렵다는 점을 발견하였다. 세월이 갈수록 사람들의 입에서 윤리적 요소가 필요하다는 직접, 간접적으로 거론되지만 실천되지 않고 있고 가장 무력한 주장을 한다는 것도 느끼고 있다. 윤리적 측면은 오랜 세월 동안 관습적으로 또는 루틴으로 몸에 베어야 한다. 어떤 사람은 미국은 아직도 청교도의 유산이 남아있어 기독교 신자가 아니더라도 윤리적 요소가 행위를 할 때 일반화되어 나오는데, 한국은 세속적인 행위가 나타나 점점 퇴폐적으로 가고 있다고 평가하기도 한다. 나는 개인적으로 그러한 평가를 받는다 하더라도 학교의 교육이나 종교가 나서서 함께 같이 더불어 사는 데 도움이 되는 방향으로 갔으면 한다. 개인적으로 역부족이라고 하더라도 그리고 효과가 없다 하더라도 실천하는 것이 바람직하다고 생각한다. 그런데 교육도 편향된 점이 없지 않고, 특히 기독교를 포함한 종교는 방향을 제시하지 못하고 있지 않은가 라는 생각이 든다. 종교가 그런 힘을 상실하지 않았나 라는 생각을 한다. 종교가 세상을 염려하고 인도했었는데 이제는 세상이 종교를 염려하고 세상을 따라가는 종교를 보고 염려하며 이렇게 해서 종교가 지탱될까 하는 말을 듣는다. 무소유까지 주장하고 그렇게 되기를 말로는 하면서도 큰 교회들은 은행에 돈을 쌓아 두는 일도 생겨난다. 어떻게 하면 돈을 더 늘릴까 라는 것을 의논하여 그 방향에서 길을 찾기도 한다. 종교 안에 쌓아 두는 돈은 반드시 썩는다. 종교는 쌓아 둔 돈을 필요한 곳에 써야 한다. 그래야 종교가 청결하여 좋은 열매를 맺는다. 좋은 열매를 맺지 않으면 주님에게 찍혀 꺼지지 않는 불에 던져 태움을 받는다.

나는 개인적으로 별로 재산이 없다. 아내의 노력으로 아내의 몫이 있기는 하다. 얼마전 김 동길 교수가 하나님의 부르심을 받아 이 세상을 떠나면서 유언을 통해 한 말이 있다. 시신은 연세대학교에 기증하여 사용하게 하였고 장례 예식은 하지 말라고 하였고 살던 집은 이화여자대학교에 기증하였다는 말을 들었다. 나는 시신은 연대에 기증하였고 장례 예식은 하지 말라고 하였고 나는 아내의 집에 살고 있어서 그대로 갈 것이고 나머지도 별로 처리할 것이 없어서 줄 것이 없다. 그래서 나는 이 글을 써서 나의 심경을 나타내고자 하였다. 내가 죽고 나면 누가 이 글을 출판해 주었으면 좋겠다는 생각과 함께 가능하다면 죽기 전에라도 출판하고 싶다. 사실은 죽기 전에 출판하려고 했는데 이제 이 글을 쓰면서 나의 지적 결산인 "나의 신학, 나의 윤리"를 비롯하여 여러 가지 잡다한 생각을 생전에 출판하는 것이 바람직하지 않다는 생각이 든다. 아무리 생각해도 나는 남겨줄 것이 없어서 문제가 없지만 내가 파산할 때 진 빚은 갚지 못해 죄송하게 생각하며, 주님의 용서를 빌면서 조금 더 쓰고 마감하기로 한다.

믿음은 구원이다

여기서 믿음은 예수 그리스도를 구주로 믿는 믿음을 의미한다. 예수 그리스도는 누구인가? 이 질문을 다시 한다. 그는 하나님의 아들이다. 그렇다면 하나님은 누구인가? 그리고 왜 예수 그리스도를 구주 즉 구원하신 분으로 믿는가? 하나님은 내가 처음부터 믿는 분으로서 전능하시고 그래서 나를 구원하실 수 있고 예수님의 아버지로서 나의 아버지가 되시도록 허락을 받은 분이다. 전능하심은 하늘과 땅 즉 모든 것을 창조하셨음을 믿는다. 그 가운데 나도 포함되어 나는 하나님의 피조물이다. 이런 의미에서 전능하신 하나님은 나의 창조주이다. 동시에 아버지 되심으로 나를 구원해 주시는 분이시다. 이 하나님은 예수님의 아버지로서 내가 예수님을 구주로 믿는 것은 바로 하나님의 구원하심을 믿는 것을 의미한다. 그것이 내가 예수 그리스도를 구주로 믿는 이유이다. 이러한 믿음을 내가 갖도록 하나님이 하나님의 아들 예수 그리스도를 세상에 보내주셨다. 바로 이 믿음이 가능하도록 성령을 하나님과 예수님이 세상에 보내주셨다. 이것은 이미 앞에서 밝힌 내용이다. 그리고 성령은 하나님과 예수님과 그리스도의 가르침을 듣고 그것을 우리에게 전하고 믿도록 인도하신다. 우리는 성령의 인도하심을 따라 하나님과 예수 그리스도를 믿는다. 이 성령은 하나님과 본질이 같은 분이다. 그래서 우리는 삼위일체 하나님으로 믿고 고백한다. 성령은 자기의 사역의 영역을 믿는 사람들에게 분명하게 제시한다. 즉 성령의 사역의 영역은 교회와 용서와 부활과 영생으로 정리한다(사도신경). 사실, 이 성령의 영역을 신앙고백으로 교회에서 공적으로 공동으로 고백한다.

믿는 사람들은 이러한 고백을 통해 결국 영생을 얻고 구원을 얻는다. 이 구원을 통해 믿는 사람들의 정체성이 확보된다. 나는 전라남도 해남에서 출생하여 많은 고난을 통해 살게 되었으며, 주님을 자의로 영접한 것이 아니고 분위기가 주님을 믿는 삶 가운데 교회도 나가기도 하고 유리 방황하다가 목포에서 미국 선교사 서의필(John N. Somerville) 목사/선교사를 만나서 예수님을 확실하게 믿게 되었다. 이러한 과정에서 믿음이 구원임을 확신하게 되었다. 이때 목포 고등성경학교에 들어가 성경을 배우면서 여러 믿음의 용례들을 접하게 되었다.

나는 특별히 아브라함을 믿음을 통해 구원받은 사람의 용례로 생각한다. 아브라함은 죄 가운데 태어나 성장하였는데, 하나님이 부르시어 하나님을 믿게 되었고 믿음이 구원임을 확실하게 보여주었다. 아브라함은 하나님의 부르심을 받고 출생지에서 하나님이 약속한 땅 가나안으로 오게 되었다. 이 과정은 하나님의 구원의 과정이었으며 복을 주시는 약속이었다. 아브라함은 아들을 하나님께 아낌없이 드림으로 하나님께 순종하는 믿음을 보임으로써 구원을 받는 본이 되었다. 히브리서는 이 사건에 대해 다음과 같이 기록한다.

> "믿음으로 아브라함은 부르심을 받았을 때에 순종하여 장래 기업으로 받을 땅에나갈쌔 갈 바를 알지 못하고 나갔으며 믿음으로 저가 외방에 있는 것 같이 약속하신 땅에 우거하여 동일한 약속을 유업으로 함께 받은 이삭과 야곱으로 더불어 장막에 거하였으니 이는 하나님의 경영하시고 지으실 터가 있는 성을 바랐음이니라. 믿음으로 사라 자신도 나이 늙어 단산하였으나 잉태하는 힘을 얻었으니 이는 약속하신 이를 미쁘신줄 앎이라. 이러므로 죽은 자와 방불한 한 사람으로 말미암아 하늘에 허다한 별과 또 해변의 무수한 모래와 같이 많이 생육하였느니라"(히 11:8~12).

아브라함은 이렇게 믿음으로 하나님의 구원을 받는 본이 되었고, 동시에 구원을 받은 자의 복도 보여주었다. 그는 복을 받는 길을 가는 본이 되기도 하였다. 즉 하나님은 구원을 받을 사람을 선택하시고 믿고 구원을 얻게 하신다. 인간은 단지 순종하고 하나님의 옳은 길을 걸어가면 된다. 여기서 믿음은 구원임을 알 수 있다. 예수님은 이 하나님을 믿는 사람이 구원을 얻는 용례를 보여주었다.

누가복음 10 장 25~37절에서 영생을 얻고자 하는 즉 구원을 얻고자 하는 어떤 율법사 이야기에서 구원의 용례를 볼 수 있다. 율법을 하나님의 사랑과 이웃 사랑으로 요약하면서도 이웃에 대한 사랑을 예수님은 제시하신다. 사마리아 사람의 이웃에게 자비를 베풀고 돕는 본을 따라 예수님은 "너도 이와 같이 하라"는 말씀으로 끝을 맺는다. 예수님에게서 구원의 큰 뜻은 하나님을 사랑하라는 것이지만 구체적으로 하나님을 사랑하고, 이웃 사랑을 구체적으로 하라는 본을 제시하였다.

또 스데반의 고백에서 믿음이 구원인 용례를 볼 수 있다. 그는 은혜와 권능이 충만하였고 큰 기사와 표적을 사람들에게 행하였다. 스데반은 자유민들과 논쟁을 하면서 지혜와 성령으로 말하여 그들을 압도하였고, 많은 거짓 증언들을 하는 사람들과 맞서서 말하였다. 결국 스데반은 예수 그리스도를 믿는 믿음이 구원임을 분명하게 말하는 것을 사람들은 믿지 않았지만 스데반의 말을 듣고 마음에 찔려 그를 향해 이를 갈고 결국 순교하게 하였다. 그럼에도 불구하고 스데반은 순교의 현장에서 믿음이 구원임을 확실하게 보여 주었다.

> "스데반이 성령이 충만하여 하늘을 우러러 주목하여 하나님의 영광과 및 예수께서 하나님 우편에 서신 것을 보고 말하되 보라 하늘이 열리고 인자가 하나님 우편에 서신 것을 보노라 한대 저희가 큰 소리를 지르며 귀를 막고 일심으로 그에게 달려들어 성밖에 내치고 돌로 칠쌔 증인들이 옷을 벗어 사울이라 하는 청년의 발 앞에 두니라 저희가 돌로 스데반을 치니 스데반이 부르짖어 가로되 주 예수여 내 영혼을 받으시옵소서 하고 무릎을 꿇고 크

게 불러 가로되 주여 이 죄를 저들에게 돌리지 마옵소서 이 말을 하고 자니라"(행 7: 7:55~60).

나는 약하여 순교할 힘이 없는 것 같이 보인다. 그러나 나는 믿음이 구원임은 확신하며, 사람들에게 분명하게 말할 수 있다. 내가 연약한 것을 아신 하나님께서 여러 모양으로 확신을 심어 주셨다. 그럼에도 불구하고 이 확신을 강제적 죽음 앞에서 고백하고 순교할 수 있을지 두려움이 있다. 그리고 나는 의심하기도 한다. 그래서 나는 찬송 171 장을 자주 부르기도 한다. 특히 잠들기 전에 부른다. 만일 깨어나지 않으면 그대로 구원을 받기 원해서이다. 그리고 305 장 찬송으로 죄를 고백하고 93 장으로 힘을 얻는다.

믿음은 수용이다

나는 신앙고백으로 사도신경을 고백한다. 마지막 부분 가운데 성령의 영역에서 죄를 용서받는 부분이 나온다. 나는 하나님의 아하브를 통해 하나님의 식구로 용납되기 위해 용서를 믿고 구한다. 식구가 된다는 것은 삶의 공동체에 일원으로 속한다는 의미가 있다. 혼자 외롭게 떨어져 돌아다니는 것보다 공동체에 속해 교제를 하는 것이 좋다. 그러나 나는 지금까지 잘 못했다. 하나님이 수용하셔서 하나님의 나라에 간다면 하나님의 택한 백성에 속해 찬양할 수 있고 어느 한 곳에라도 사용해 주시기를 빈다.

나는 이러한 용례로서 바리새인과 함께 기도하려고 올라간 세리의 비유를 생각한다. 세리의 기도는 믿음의 기도로서 하나님이 수용하는 내용을 보여준다. 바리새인은 당당하게 서서 기도하였다. “하나님이여 나는 다른 사람들 곧 토색, 불의, 간음을 하는 자들과 같지 아니하고 이 세리와도 같지 아니함을 감사하나이다. 나는 이레에 두번씩 금식하고 또 소득의 십일조를 드리나이다.” 그러나 세리는 멀리 서서 감히 눈을 들어 하늘을 우러러 보지도 못하고 다만 가슴을 치며 기도하였다. “하나님이여 불쌍히 여기옵소서 나는 죄인이로소이다.” 예수님은 이 세리가 바리새인보다 더 의롭다 하심을 받았다고 평하셨다. 그리고 예수님은 이렇게 결론을 주시었다. “무릇 자기를 높이는 자는 낮아지고 자기를 낮추는 자는 높아지리라”(눅 18:10~14).

또 다른 하나의 용례는 삭개오의 경우이다(눅 19:1~10). 예수님께서 여리고로 들어가 지나가실 때 삭개오라는 세리장이 있었는데 그는 부자였다고 한다. 그는 예수님이 오신다는 말씀을 듣고 예수님을 보기 위하여 돌 무화과 나무 위에 올라갔다. 이 삭개오를 보신 예수님은 삭개오야 속히 내려오라 내가 오늘 네 집에 유하여야 하겠다고 말씀하셨다. 삭개오가 급히 내려와 예수님을 즐거워하며 영접하였다고 한다. 예수님은 오늘 구원이 이 집에 이르렀다고 말씀하셨다. 예수님은 최고의 수용의 말씀을 하셨다. 예수님은 인자/예수님이 오신 것이 잃어버린 자를 찾아 구원하려한다(수용) 라고 말씀하시고 그를 수용하셨다.

또 다른 하나의 용례는 예수님과 함께 십자가에 달린 한 강도의 경우이다(눅 23:39~43). 예수님이 십자가에 못박혀 돌아가실 때 함께 두 강도도 십자가에 못 박혀 죽었다. 그때 한 강도가 비방하는 강도에게 꾸짖고 말하기를 네가 동일한 정죄를 받고서도 하나님을 두려워하지 않느냐 우리는 행한 일에 상당한 보응을 받고 있지만 이 사람 즉 예수님이 행한 것은 옳지 않은 것이 없다. 그리고 그 강도는 예수님에게 이렇게 말했다. "예수여 당신의 나라에 임하실 때에 나를 기억하소서." 예수님은 수용의 말씀을 하셨다. "내가 진실로 네게 이르노니 오늘 네가 나와 함께 낙원에 있으리라." 강도들의 행태가 복음서에서 다르게 나타나고 있으나 수용이라는 차원에서 나는 이 용례를 선택했다. 그리고 처음 예수님을 구주로 확실히 믿을 때 지금 내가 가진 성경을 믿는다고 고백했기 때문에 이 용례가 포함되어 있어서 그대로 믿는다.

또 다른 하나의 용례는 베드로의 경우이다(요 21:15~17). 예수님은 베드로를 사랑하셨다. 물론 베드로가 실수도 많이 하고 많은 대답도 잘 하였는데 특별히 예수님을 부인하는 엄청난 실수를 하였고 그때 베드로는 견디기 힘든 경험을 하였다. 예수님은 그래도 베드로를 사랑하셨다. 그래서 부활하신 후 베드로를 만나 그에게 질문을 통해 큰 임무를 맡기셨다. 그 질문들은 세 번이었는데 공통된 질문이었다. “네가 나를 사랑하느냐?” 베드로도 같은 대답을 세 번하였다. “예 사랑합니다.” 예수님은 수용하는 말씀으로 “내 양을 먹이라” 라고 대답하였다. 베드로는 참으로 믿는 사람이 되었고 예수님은 그의 믿음을 따라 구원의 길을 확실히 보이시며 수용하였다. 베드로는 예수님의 양을 먹이고 치면서 수용의 확신을 삶으로 옮긴 것으로 보인다.

또 다른 하나의 용례는 간음한 여인의 경우이다(요 8:3~11). 서기관과 바리새인들이 음행한 현장에서 잡은 여자를 끌고 와서 가운데 세우고 이런 여자는 모세의 율법에서 말하기를 돌로 쳐 죽이라고 했다고 하면서 예수님의 대답을 물었다. 물론 그들의 질문은 예수님을 고발할 조건을 찾는 질문이었다. 예수님은 대답하시지 않고 몸을 굽혀 손가락으로 땅에 글을 쓰시었다. 그들은 계속해서 예수님께 질문을 하였다. 예수님은 허리를 펴고 서서 대답 대신 다음과 같은 말씀을 하였다. “너희 중에 죄 없는 자가 먼저 돌로 치라.” 그리고 예수님은 다시 굽혀 땅에 글을 쓰셨다. 예수님의 말씀을 들은 사람들은 양심에 가책을 느껴 어른으로 시작하여 젊은이까지 하나씩 하나씩 나가고 오직 예수와 가운데 섰는 여자만 남았다. 예수님은 일어서서 여자에게 질문을 한다. “여자여 너를 고발하던 그들이 어디 있느냐 너를 정죄한 자가 없느냐?” 그 여자는 없다고 대답했다. 이 대답을 들은 예수님은 수용의 말씀을 하였다. “나도 너를 정죄하지 아니하노니 가서 다시는 죄를 범하지 말라."

나는 이런 용례들을 읽고 믿음이 수용이라는 의미에서 생의 마지막을 준비한다. 내가 어떠한 사람이든지 내가 하나님을 믿으면 나를 수용해 주실 것이라는 믿음을 갖고 기도한다. 인간적으로 보면 나 같은 사람을 하나님이 수용하시기 힘드시겠지만 하나님은 나의 아버지 되시어서 나에게 믿음을 허락하시고 나를 품꾼이 아니고 식구와 가족으로 수용해 주실 것을 믿으며 지금까지의 모든 죄를 고백하고 감사하는 의미로 예배를 한다.

내가 예배할 때 찬송 9장을 자주 부른다. 나는 "고난도 슬픔도 이기게 하시옵고 영원에 잇대어 살아가게 하소서 구원의 하나님 우리 예배를 받아 주시옵소서" 라고 기도하면서 찬송을 부른다. 그리고 실제 삶에서 어떠한 고난도 슬픔도 이기게 해 주실 것을 믿으며 바울의 고백대로 어떠한 처지에서도 살아갈 수 있게 해주시라고 기도한다. 그리고 바울의 권면을 듣고 그대로 믿는다. "너희 관용을 모든 사람에게 알게 하라. 주께서 가까우시니라. 아무 것도 염려하지 말고 오직 모든 일에 기도와 간구로, 너희 구할 것을 감사함으로 하나님께 아뢰라 그리하면 모든 지각에 뛰어난 하나님의 평강이 그리스도 예수 안에서 너희 마음과 생각을 지키시리라 (빌 4:5~7)."

이어서 실제 삶에 대하여 바울이 내게 권면하는 말로 나도 나의 마지막 삶을 마감하려고 한다.

> "종말로 형제들아 무엇에든지 참되며 무엇에든지 경건하며 무엇에든지 옳으며 무엇에든지 정결하며 무엇에든지 사랑할만하며 무엇에든지 칭찬할만하며 무슨 덕이 있든지 무슨 기림이 있든지 이것들을 생각하라. 너희는 내게 배우고 받고 듣고 본 바를 행하라 그리하면 평강의 하나님이 너희와 함께 계시리라(**빌 4:8~9**)."

나는 지금까지 종결을 할 만한 말씀들을 읽었지만 조금 더 나가고 싶다. 그래서 나는 여기서 모세의 시를 읽으면서 끝을 맺고자 한다. 오늘 소망교회 예배에 참여했는데 김 목사님의 설교 본문이 시편 90편이었다. 그 시편은 하나님의 사람 모세의 기도라는 표제가 붙은 시였다. 나는 설교를 다 들은 후 나도 이 글을 마치는데 모세의 기도를 따라 맺고 싶었다. 모세는 동족인 이스라엘 백성들의 생명을 존중하고 그들에게 하나님을 따라 사랑하는 리더십을 발휘했는데 현실에서의 경험을 그대로 노출하면서도 그들의 앞길에 하나님이 함께 하시기를 빈다. 무엇보다 모세는 이 시에서 이스라엘 백성이 확실하게 하나님은 영원부터 영원까지 주이심을 다시 상기시킨다. 모세는 인생의 연한이 그렇게 길지 않음을 알고 있었다. 그는 인생의 평생이 순식간이라고 고백한다. 그리고 이 연수의 자랑은 수고와 슬픔 뿐이라고도 말한다. 모세는 연수를 말하면서 칠십이고 강건하면 80이라고 한다. 그러나 나는 벌써 80을 넘었다. 내가 이렇게 산 것은 하나님의 은혜이고 은총이다. 모세는 여기서 하나님께 불쌍히 여기소서 라고 빌며 이어서 인자하심이 인생을 만족하게 하신다고 선언한다. 모세는 마지막으로 이스라엘을 괴롭게 하신 날수대로 기쁘게 하소서 라고 빌고 주의 영광을 이스라엘의 자손들에게 나타내소서 라고 빌기도 한다. 그리고 결론으로 모세는 이스라엘 백성의 손이 행한 일을 견고하게 해 주시라고 기도한다. 바로 이은 시편 91편에서 하나님이 모세의 피난처요 요새요 의뢰하는 하나님이라고 고백한다. 이것은 모세가 이스라엘 백성이 하나님을 믿고 신뢰할 이심을 다시 각인하게 하는 기도라고 할 수 있다. 이 시는 하나님이 이스라엘 백성을 수용해 주시라는 기도이기도 하다. 나도 바로 모세처럼 하나님을 믿고 신뢰하고 구원을 받기를 원한다. 다시 말하면 수용해 주시라고 기도한다. 주여 나에게 주님을 구주로 믿는 믿음을 확고하게 하시고 구원을 얻게 하소서 그리고 우리나라도 주님의 품에 피난할 수 있게 해 주시옵소서. 아멘.

(8)

정의와 사랑: 기독교윤리학적 접근

들어가는 말

먼저 기독교윤리학에서 알아야 할 것은 정의와 사랑에 대한 접근은 언제나 하나님으로부터 시작한다. 물론 인간으로부터 시작할 수 있다. 만일 인간으로부터 시작하면 인간의 문제를 먼저 다루어야 한다. 그렇다면 인간을 다루게 되면 정의의 개념을 바르게 생각할 수 없다. 왜냐하면 인간은 정의에서부터 시작할 경우 기본 개념이 확실하지 않기 때문이다. 다시 말하면 인간은 정의의 심판을 받은 데서부터 시작했기 때문이다. 이 맥락에서 보면 진정한 의미에서 출발할 수 없는 것이 확실해 보인다. 그럼에도 불구하고 인간들이 정의를 논할 수 있는 길은 항상 열려 있는데 바로 기본 가치 가운데 하나인 정의를 논한다.

여기서 논하는 개념은 평등의 개념과 공평의 개념이다. 평등의 개념은 크게 반대를 받지 않으면서도 현실 속에서는 다양한 문제점을 갖는다. 그러나 공평의 문제와 연결되면 크게 어렵지 않게 수용하게 된다. 지금 세상에서 논의하는 정의는 사회정의의 입장에서 공평의 개념이 문제가 된다. 이 공평이 여러 가지 해석을 하고 갈등을 야기하고 있다. 인간의 사회에서 공평은 강자에게서는 쉽게 "갑질" 형태로 나타나며, 약자의 입장에서는 항상 당하는 착취 현상으로 나타난다. 그래서 약자는 빼앗김의 느낌에서 출발하며 이어서 투쟁과 쟁취의 과정을 따르려 한다. 기독교윤리학에서는 본래 확실한 정의의 개념을 출발점으로 삼아 이러한 문제들을 해결해 보려고 한다.

정의의 개념

기독교윤리학에서는 정의와 사랑을 동전의 양면, 수레의 양바퀴 정도로 이해하는 사람들도 있다. 다른 한 편 지나치게 사랑을 강조하여 정의의 개념을 약화시키는 경우도 있다. 그러나 자세히 보면 하나님으로부터 확실하게 정의와 사랑의 개념의 구분과 연결을 볼 수 있다. 이 두 개념은 대립도 견제도 아니다. 오히려 하나님에게서 정의와 사랑은 확실하게 구분되면서도 그 관계는 정의에 대한 사랑의 완성을 볼 수 있다. 예를 들면 예수님의 십자가에 달려 죽으심이다. 즉 예수님이 죽으신 것은 하나님이 정의를 따른 것이다. 즉 우리가 죽을 수밖에 없는 죄를 대신해 하나님의 공의를 따라 인간의 정의의 개념을 충족시킨 것이다. 그리고 그 정의를 실천하기 위해서 하나님의 사랑이 작동한 것이다. 이 사랑이 없었으면 정의 즉 하나님의 독생자의 죽음은 이해하기 어려울 수 있다. 하나님은 세상과 인간을 사랑하셨기 때문에 독생자를 죽게 하셨음을 나타내시며 인간에게 새롭게 출발할 수 있게 해 주셨다(요 3:16). 십자가의 죽음은 여기서 인간의 치유와 회복을 가능하게 하였다. 이 가능성은 하나님을 믿음 즉 그의 아들 예수를 믿음으로 나타났고 영생을 얻고 하나님의 나라를 들어갈 수 있게 한다.

여기서 하나님이 정의를 실천하는 배경을 볼 수 있다. 즉 하나님은 참으로 사랑이시다. 이 사랑으로 말미암아 은혜로우시며 다른 어떤 것의 압력이 아니라 절대적인 하나님의 자유로 이 사랑을 나타내셨고 아들의 십자가의 죽음에서 하나님의 신실하심을 보이시면서 결국 반드시 보여야 하는 정의를 실천하셨다. 그래서 우리는 하나님은 사랑이시라고 말할 때 하나님은 정의로우시고 참된 분이심을 알게 된다. 우리는 이 하나님은 진리이시며 진실하시다 라고 고백할 수 있다.

정의와 사랑의 관계

하나님의 정의는 기독교윤리학에서 구약성경에 따라 공의 또는 의로 이해한다. 여기서 공의와 의는 동일한 개념이다. 또 정의라고 표현하기도 한다. 이 경우 정의라는 용어로 사용한다.

신약성경에는 공의, 의, 정의가 모두 "뒤카이오쉬네" 라는 말로 표현되었다. 물론 문맥에 따라 구분하여 이해할 수도 있다. 그러나 이 의도 먼저 하나님의 의로 적용되고 있다(마 6:33). 이 표현은 모든 정의의 개념이 하나님의 정의에서 출발한다는 것을 의미하기도 한다.

나는 적용에서 성경 가운데 두 가지 경우를 살펴보고 싶다. 첫째는 마태복음서 20장 1~16절 말씀이고 둘째는 누가복음서 10장 25~37절 말씀이다. 나는 여기서 성경 주석을 하려는 것이 아니고 정의와 사랑의 개념의 의미와 구분을 보려고 한다. 마태복음 20장을 보자. 요점은 처음 사람들과는 사회에서 통용되는 정의의 개념 즉 인간의 기본 가치로 통용되는 정의의 개념을 보여준다. 다시 말하면 계약 또는 약속의 개념으로 정의를 실천하고, 다음은 정의 개념을 사랑이라는 약속으로 완성하는 형식이다. 이렇게 예수님을 통해 하나님은 정의의 법을 완성하는 본을 보여주신다. 여기서 정의는 평등과 공평의 개념을 만족시키고 있으며 사랑 때문에 사람들이 그렇게 바라는 공평을 만족시킬 수 있다. 그러나 극히 일부 즉 정의를 계약으로 주장하는 사람들에게 더 이상 사랑이 필요 없고 이기주의적 생각만 가능하게 하였음을 볼 수 있다. 하나님의 사랑은 정의를 실천하면서 동시에 함께, 같이, 더불어 살 수 있는 길을 열어 주신다. 그래서 우리는 먼저 하나님의 의와 나라를 생각하게 해야 한다. 하나님의 나라는 정의와 사랑을 실천하는 은혜의 "다스림"이다.

누가복음서 10장 25-37절을 보자. 이 본문에서는 하나님의 법(토라)으로부터 시작한다. 이 하나님의 법은 십계명으로 요약된다. 결국 이 율법은 하나님의 사랑과 이웃의 사랑으로 요약된다. 이것은 하나님의 아들이신 예수님의 모든 율법을 요약하는 해석의 결론으로서 우리는 이것을 십계명이라고 한다. 구약성경에 대한 예수님의 해석의 결론을 볼 수 있게 한다. 하나님의 사랑을 인간의 사랑의 실천으로 보여주다. 이것은 정의의 개념을 넘어선 사랑의 완성의 본을 보여준다. 여기서 우리는 두 가지를 본다. 한 가지는 사랑의 정의 실천이 구체적 행위로 보여주어야 하고, 다른 한 가지는 행위의 본으로 보여주어야 한다.

정의와 사랑의 구체적 실천

현대 사회가 다양하고 복잡하게 전개되면서 정의의 사랑을 실천하기 위한 구체성과 본으로서 현실은 복잡하다. 국가적 측면에서는 다양한 복지정책에서 보여주지만 항상 만족스럽지 못한 면을 볼 수 있고 여기에 정치적 다양한 입장까지 첨가하여 욕구가 더 다양하게 분출되고 있다. 그리고 기독교윤리학적 입장만을 강조할 수 없기 때문에 현실은 더욱 어렵기만 하다. 그렇지만 좋은 참고 내용 또는 길잡이와 방향은 될 수 있다. 즉 평등과 공평의 정의 개념을 정책 입안과 실천자의 결정이 진정으로 이 두 개념을 바르게 실천하기를 기대한다.

확실한 것은 실천자의 지도력과 의지가 매우 중요함이다. 나는 가장 가까운 사람들이 기관들을 경영하면서 지도력을 가지고 실천하는 자리에 있는 사람들이 정의 즉 평등과 공평의 의미를 살리는 경영을 할 경우 현재도 많이 다르게 운영될 수 있다. 실천하는 사람의 책임과 지도력과 사람됨에 따라 엄청난 변화와 행복감을 증진시킬 수 있음을 볼 수 있다. 여기서 구체적인 실례를 보여줄 수는 없지만 성경에서 만도 확실하게 위에서 보았다.

나는 이러한 구체적 실천을 위해 하나님이 주신 십계명과 주님이 몸으로 실천하시고 주신 주님의 기도를 제안한다. 그리고 신학적으로는 사도신경을 제시한다. 지금까지 기독교에서 여러 가지를 만들어 왔지만 이 세 가지보다 더 좋은 것은 없는 것처럼 보인다. 물론 만족스럽지 않은 부분은 채워서 보완하면 되지만 별로 없는 것 같다. 다만 정의와 사랑의 실천자의 의지가 정말로 하나님 앞에 서서 하나님이 원하시는 방향에서 일을 하는 가를 질문하면서 실천을 한다면 좋을 결과를 볼 수 있을 것 같다.

맺는 말

정의와 사랑은 하나님이 성경에서 가르쳐 주시는 내용을 확인하여 실천하고 본을 보일 수 있으면 좋은 결과를 확실하게 가져올 수 있다. 항상 하나님 먼저 생각하고 인간을 사랑하는 순서를 존중하면 됀다고 생각한다. 여기에는 용서와 치유와 회복의 과정은 필요한 것으로 보인다. 용서는 서로, 치유는 내가 먼저 시작하고, 회복은 함께 하면 더욱 빠르게 이뤄질 것으로 보인다.